저널리즘의 신:
손석희에서 〈르몽드〉까지

저널리즘의 신:
손석희에서 〈르몽드〉까지

펴낸날	초판 1쇄 2019년 2월 25일
지은이	손석희·크리스 영·기무라 히데아키·박상규·주진우·임지영· 장일호·김동인
발행인	표완수
편집인	김은남
편집	송지혜
사진	윤무영·조남진·이명익·신선영
교정·교열	김우영
디자인	전용완
제작	한영문화사
펴낸곳	(주)참언론 시사IN북
출판등록	2009년 4월 15일 제300-2009-40호
주소	04506 서울시 중구 중림로 27 가톨릭출판사빌딩 3층
전화	02-3700-3250 (마케팅), 02-3700-3270 (편집)
팩스	02-3700-3209
전자우편	book@sisain.co.kr
블로그	book.sisain.co.kr

© 시사IN
ISBN 978-89-94973-48-7 03300   값 15,000원

* 시사IN북은 시사주간지 〈시사IN〉에서 만든 출판 브랜드입니다.
* 이 책은 저작권법에 따라 보호받는 저작물이므로 무단 전재와 무단 복제를 금지하며, 이 책 내용의 전부 또는 일부를 이용하려면 반드시 저작권자와 시사IN북의 서면동의를 받아야 합니다.

이 도서의 국립중앙도서관 출판예정도서목록(CIP)은 서지정보 유통지원시스템 홈페이지(http://seoji.nl.go.kr)와 국가자료 공동목록시스템(http://www.nl.go.kr/kolisnet)에서 이용하실 수 있습니다. (CIP제어번호: CIP2019001184)

저널리즘의 신: 손석희에서 〈뉴욕타임스〉까지

〈시사IN〉 기획, 손석희·크리스 영·기무라 히데아키·
박상규·주진우·임지영·장일호·김동인

일러두기
* 특별한 언급 없이 괄호 안에 설명한 내용은 이해를 돕기 위해 편집부가 덧붙인 것이다.
* 신문, 잡지, 영화, 노래는 〈 〉, 문학 작품 및 출판물은 『 』로 표기했다.

차례

책을 펴내며: 살아남은 우리의 소박한 바람은 | 고제규　7

1부. 탐사보도와 기자
1장. 디지털 시대, 왜 탐사 저널리즘인가 | 손석희　13
2장. 우산혁명 그 후, 권력과 언론 | 크리스 영　25
3장. 『관저의 100시간』을 통해 본 언론의 권력 감시 |
　　　기무라 히데아키　43
4장. 나는 왜 살인범에게 돈을 빌렸나 | 박상규　57
5장. 'MB 프로젝트'에서 MB 판결까지 | 주진우　75
6장. 묻고 답하기 | 청중과 함께　91

2부. 탐사보도와 언론: 아시아 | 임지영·장일호·김동인
1장. 타이완〈보도자〉, 언론 불신의 자장 안에서 탈출을 꿈꾸다　99
2장. 일본〈와세다 크로니클〉, 두 일본 기자의 실험
　　　'저널리즘 NGO'　111
3장. 홍콩〈단전매〉, "기사는 국적이 없습니다"　125
4장. 필리핀〈래플러〉, 두테르테에 맞서는 신생 언론　135

3부. 탐사보도와 언론: 유럽 | 김동인
1장. 스페인〈엘파이스〉, 온라인 순풍 탄 젊은 언론의 '대항해시대'　151
2장. 스페인〈엘콘피덴시알〉, 전통 미디어를 위협하는 작은 거인　163
3장. 독일〈슈피겔〉, 종이주간지가 온라인을 휩쓴 방법　171
4장. 영국〈가디언〉, 전 세계가 주목하는 그 언론사의 실험　179
5장. 덴마크〈폴리티켄〉, 디자인 강한 탐사보도의 교차로　195
6장. 프랑스〈르몽드〉, 독보적인 독립 언론이 푸는 생존 방정식　203

책을 펴내며

살아남은 우리의 소박한 바람은

없었다. 있어야 할 기사가 없었다. 대신 광고가 있었다. 7년차 기자인 내가 어떻게 해야 하나 고민하는 사이, 20년차 이상 선배들이 먼저 나섰다. 총회가 열렸고 진상이 파악됐다. 사장은 한밤중에 기사를 뺐고 지면을 광고로 채웠다. 편집국장과 사전 협의도 없었다. 사장은 편집권이 자신에게 있다고 주장했다.

　1989년 〈시사저널〉 창간 이후 한 번도 없었던 일이었다. 당시 편집국은 창간 멤버, 경력기자, 나처럼 첫 직장이 〈시사저널〉인 기자 등 구성이 다양했다. 공유하는 가치가 있었다. 바로 창간 때부터 지켜온 편집권의 정의였다. 사장도 발행인도 편집인도 독점할 수 없다는 '관습헌법'이었다. 불문율이 하루아침에 무너졌다. 대단한 특종 기사도 아니었다. 대기업의 인사 관련 기사였다. 문제는 그 대기업의 힘이었다. '삼성공화국'이라는 말이 회자되던 시절이었다. 삼성 홍보 담당자의 전화 한 통에 기사가 날아갔다. 기자들이 삼성에 악감정을 가져서가 아니었다. '아닌 건 아니다'라고 말하고 싶었다. 삼성의 입김에서 자유로운 언론사가 한 곳은 있어야 하지 않느냐는 문제제기였다.

　파업, 직장 폐쇄, 해직에 가까운 일괄 사직 그리고 새 매체 창간. 이 과정에서 시민들의 도움이 가장 컸다. 2007년 9월 〈시사IN〉은 창간호를 냈다. 1987년 6월 항쟁이 있은 지 20년이 되던 해였다. 〈시사IN〉 창간은 '민주화 이후의 민주주의' 문제를 드러냈다. 정치권력으로부터 독립한 언론사도 경제 권력에서 자유롭지 못한 모순. 시민들은 아닌 걸 아니라고 말하는 기자들을 응원

했다. 시민주와 우리사주 그리고 중소 규모 투자자들이 결합한 독립 언론이 실험을 시작했다. 창간 5년 만에 한국ABC협회 조사에서 주간지 유가부수 1위를 차지했다.

'정직한 사람들이 만드는 정통 시사주간지'는 그렇게 10년을 버텼다. 아니, 버티기만 한 건 아니었다. 게을러서 못 쓴 기사는 있지만 외압 탓에 못 쓴 기사는 없었다. 박근혜 5촌 살인사건, 안종범 수첩, 삼성 장충기 휴대전화 문자 등 확인된 팩트는 정치·경제 권력 눈치 보지 않고 썼다. 쌍용자동차 해고자를 위한 '노란봉투' 캠페인 등 노동 이슈에 앞장섰고, 여성·성소수자·난민 등 마이너리티 인권 문제도 천착했다. 용감해서가 아니었다. 첫 마음을 지키고 싶었다.

2017년 5월 10일, 정권교체는 아이러니컬하게도 〈시사IN〉에 겨울의 시작을 알렸다. 신규 정기구독과 재구독이 급감했다. 고민은 깊었다. 앞으로 10년, 버틸 수 있을까?

초년 기자 시절부터 '특종' '기획' '마감'보다 더 자주 들었던 말이 있다. 바로 '언론의 위기'다. 되돌아보면 위기가 아닌 적이 없었다. 디지털 파고에 적응할 만하면 소셜네트워크서비스(SNS) 환경이 급변했다. 페이스북에서 강자였던 〈시사IN〉은 유튜브 시대 들어 맥을 못 추고 있다. 도대체 세계 언론사는 어떻게 이런 위기를 극복하고 있을까. 궁금했다. 가칭 '신사유람단'을 만들었다. 기자들을 해외로 파견했다. 2017년 유럽과 미국 등을 취재했다. 2018년 아시아 언론사를 찾았다.

취재와 기사로만 끝내고 싶지 않았다. 2017년 '언론 독립, 탐사보도 그리고 민주주의'를 주제로 〈시사IN〉 저널리즘 콘퍼런스(SISAIN Journalism Conference, SJC)를 시작했다. 〈한겨레〉〈뉴스타파〉, 스페인 〈엘파이스〉 그리고 〈시사IN〉이 참여했다. 국내에서 최순실·박근혜 게이트 때 맹활약한 기자들이 모였다. SJC 2017에 손석희 JTBC 대표이사를 섭외했는데 스케줄이 맞지 않아

동영상으로 기조발제를 했다. '탐사보도와 아시아 민주주의' 주제로 열린 SJC 2018에는 손석희 대표이사가 직접 참여해 주었다. 크리스 영 홍콩기자협회장, 기무라 히데아키 일본〈와세다 크로니클〉기자, 박상규 진실탐사그룹〈셜록〉대표기자, 주진우〈시사IN〉기자와 함께했다.

『저널리즘의 신』은 '언론의 위기'를 고민한 결과물이다. 위기에 대한 해법도 책에 담았다. 책을 통해〈시사IN〉이 왜 탐사보도를 추구하는지, 국내외 언론들이 왜 탐사보도에서 미래의 생존동력을 찾고 있는지 알 수 있을 것이다.

이제 바람은 '소박'하다. 삼성보다 1년만 더 버티는 것이다.

고제규〈시사IN〉편집국장

1부.
탐사보도와 기자

6초 안에 콘텐츠 승부가 갈린다는 시대. 왜 누군가는 탐사보도를 이야기하고, 탐사보도에 모든 것을 거는 걸까? 2018년 12월 4일 한국프레스센터에서 '탐사보도와 아시아 민주주의'를 주제로 '〈시사IN〉 저널리즘 콘퍼런스 2018'(SJC 2018)이 열렸다. 여기에 참가한 다섯 언론인의 이야기를 전한다.

1장.

디지털 시대,
왜 탐사 저널리즘인가

손석희

사회(김은지 〈시사IN〉 기자). 〈시사IN〉 저널리즘 콘퍼런스의 여는 강연을 시작하겠습니다. 이제는 한국 저널리즘의 고유대명사라고 할 수 있는 분인데요. 〈시사IN〉이 매년 조사하는 '가장 신뢰받는 언론인' 항목에서 12년째 1위를 달리는 분입니다. 2위와도 격차가 아주 큽니다. 한국인이 가장 신뢰하는 언론인, 손석희 JTBC 대표이사를 맞이하겠습니다.

안녕하십니까? JTBC 손석희입니다. 이번 〈시사IN〉 저널리즘 콘퍼런스 공고가 나가자마자 많은 분들이 참가를 신청하셨다고 들었습니다. 저널리즘과 탐사보도에 대한 관심이 그만큼 많다는 얘기겠죠. 아직까지도 언론이 해야 할 일에 대한 관심과 고민이 그만큼 크다는 뜻이기도 할 테고요. 〈시사IN〉 저널리즘 콘퍼런스에는 전에도 참여하고 싶었습니다만 기회가 닿질 않다가 이번에는 좀 무리를 해서라도 오고 싶었습니다. MBC 〈시선집중〉 때부터 인연을 맺어온 이숙이 전 국장의 닦달 전화가 또 다른 이유이기도 하고요. 아무튼 초대해 주셔서 다시 한 번 깊이 감사드립니다.

('#디지털 시대 #언론의 역할'이라고 씌어 있는 화면을 띄우며) 시민사회가 언론에 요구하는 것이 과거 매스미디어 시대와는 달라지고 있습니다. 이런 요구들이 디지털 미디어, 이를테면 유튜브나 소셜네트워크서비스(SNS)를 통해 표출되고 있고요. 이 같은 상황에서 기존 언론이 무엇을 해야 하는가는 우리 모두의 고민이기도 합니다. 한편으로는 언론과 국가 간의 관계라는 것이 있습

니다. 정부가 어떻게 바뀌었든, 그 사회가 정치적, 사회적으로 얼마나 민주화가 되었든 상관없이 언론과 국가는 늘 긴장관계에 있는 경우가 많습니다.

오늘 패널 분들을 간단히 소개드리면, 우선 홍콩기자협회 회장 크리스 영 씨가 참석해 주셨는데요. 이분이 2018년 5월 홍콩기자협회 50주년 기념행사에 저를 초대해 주셔서, 홍콩에 다녀왔습니다. 당시 짧은 일정 동안 홍콩의 언론인들을 만나면서 국가와 시민사회 그리고 시민사회를 대변하는 언론의 관계가 아직도 극심한 긴장관계에 놓여 있음을 알 수 있었습니다. 오늘 크리스 영 회장이 이 자리에서 홍콩 우산혁명과 그 이후의 언론 상황에 대해 현장의 얘기들을 전해 주실 테니 아주 뜻깊은 자리가 될 것 같습니다.

정치적, 경제적으로 앞서 있다는 일본이라 해서 상황이 나은 것 같지도 않습니다. 아베 정권은 노골적으로 정부에 비판적인 언론을 압박해 왔습니다. 오늘 패널로 와주신 기무라 히데아키 〈와세다 크로니클〉 기자로부터 일본의 상황을 듣는 것도 매우 흥미로울 것 같습니다. 〈시사IN〉의 주진우 기자나 진실탐사그룹 〈셜록〉의 박상규 대표기자 같은 패널들이야 제가 특별히 더 소개할게 없겠죠. 더 이상의 설명이 필요 없는 두 분이니까요.

사회를 보는 김은지 기자가 콘퍼런스가 시작하기 전에 언론자유지수에 대해 잠깐 언급했는데요. 우리는 각국의 언론자유지수가 나올 때마다 각자 순위가 얼마나 올라갔고 내려갔는지 신경을 곤두세우곤 하죠. 하지만 그 순위가 조금씩 오르고 내린 것에 무슨 의미가 있는지, 언론자유지수라는 게 실제로 피부에 얼마나 와닿는 건지를 생각해 보면 개인적으로는 회의적인 생각이 듭니다. 본질적으로는 그게 언론의 팔자가 아닐까 생각이 들어서요. 제가 말씀드리고 싶은 건 언론은 본질적으로 권력과 늘 갈등관계에 있을 수밖에 없다는 겁니다. 문제의식을 가지고, 문제를 발견하고, 그 문제를 개선하는 데 관심이 있는 게 언론이니까요. 그러다 보면 국가, 경우에 따라서는 일부 시민사회와 긴장이나 갈등이 생겨나게 마련이죠.

디지털 미디어의 빛과 그늘

이런 상황 속에서 누가 뭐래도 가장 큰 변화는 디지털 미디어의 대두라고 할 수 있습니다. 다들 아시다시피 요즘에는 유튜브나 페이스북, 특히 한국에서는 카카오톡 등으로 대표되는 소셜네트워크서비스를 매개로 뉴스 소비가 이루어집니다. 물론 레거시 미디어의 영향력이 아직 건재하기는 합니다. 그렇다고는 해도 디지털이 가진 여러 특성 즉 파편화, 개인화, 이를 기반으로 한 마이크로 타깃팅이 극대화되는 게 현실입니다. 모든 콘텐츠를 파편화해야 먹히는 시대랄까요? 지금은 각자 원하는 것을 들여다보는 시대죠. 요즘 가족이 함께 텔레비전 뉴스를 보는 가구가 얼마나 될까요? 제가 듣기로 이십 대의 80퍼센트는 스마트폰으로 뉴스를 소비한다던데요. 저만 해도 그렇습니다. 한때는 누운 상태에서 태블릿PC로 뉴스를 봤는데, 몇 번 떨어뜨린 뒤로는 스마트폰을 쓰게 되더라고요. (웃음)

　　제가 우스갯소리를 했지만, 레거시 미디어 입장에서는 심각한 이야기입니다. 디지털 미디어가 레거시 미디어, 즉 매스미디어의 권위주의와 거기에서 비롯된 각종 부작용, 이를테면 권언 유착, 권경 유착이라든가 미디어의 사익 추구 등으로부터 '진실'을 건져내는 역할을 해온 것은 사실입니다. 하지만 그 과정에서 디지털 미디어의 부작용 또한 드러나고 있습니다. 정치적이고 의도적인 가짜 뉴스의 전파라든가 진영 논리를 강화하는 데 이용하는 식으로, 또 다른 형태의 사익 추구 등이 일어나는 거죠. 유튜브를

통해 확인되지 않은 엉터리 뉴스를 팔아 이를 수익모델로 삼는 사람들도 등장하고 있으니까요.

그럼에도 불구하고 레거시 미디어들 역시 디지털 콘텐츠로 옮겨가지 않으면 안 되는 것이 현실입니다. 디지털을 통해서 콘텐츠를 소비하지 않으면 수익모델과 멀어지는 시대에 와 있는 것입니다. 젊은 세대만의 이야기가 아닙니다. 특히 한국에서는 거의 모든 세대에 걸쳐 디지털 미디어를 통해 뉴스 콘텐츠를 소비하는 게 일상화되었다고 할 수 있습니다. 제가 몸담고 있는 JTBC도 그렇지만, 방송·신문 등 모든 매체들이 이런 시대에 어떻게 존속할지에 대해 많은 고민을 하고 있습니다. 어떻게 하면 디지털에 콘텐츠를 올려 그것을 수익모델화할 수 있는가에 역량을 집중하고 있습니다.

그러다 보니 자연스럽게 콘텐츠가 파편화되고, 타깃 지향적인 콘텐츠를 만들 수밖에 없습니다. 레거시 미디어를 통해 전달된 콘텐츠들도 조각조각 나뉘면서 긴 호흡의 뉴스 콘텐츠는 불리해지는 현상이 초래됐죠. 이른바 '6초론'이라는 것도 나왔습니다.

광고 콘텐츠 길이가 5초만 넘어가도 젊은 세대들이 '스킵' 한다는 뜻입니다. 채널을 아예 돌려버리기도 하죠. 한편에서는 디지털에서도 긴 호흡의 제작물이 경쟁력 있다는 연구 결과가 나오기도 하지만, 전반적으로 더 흥미롭고 자극적이고 짧은 영상물들이 소비자의 관심을 끄는 것은 피할 수 없는 것 같습니다.

레거시 미디어를 위협하는 '6초의 법칙'

개인적으로는 레거시 미디어의 저널리즘이 디지털 미디어 시대에도 그대로 적용될 수 있을지에 대해 관심이 많습니다. '디지털 저널리즘은 아날로그 저널리즘과 다른가?' '레거시 미디어가 추구해온 저널리즘은 디지털 미디어 시대에 통하지 않는가?' 같은 질문에 대해 저는 아직까지는 부정적인 답을 갖고 있지 않습니다. 아직 레거시 미디어의 저널리즘이 바뀌지 않았고, 바뀔 수도 없고, 바뀌어서도 안 된다고 생각하기 때문입니다. 즉 레거시 미디어의 저널리즘은 아직 변질되지 않았으며, 앞으로도 그럴 것이라는 이야기입니다. 디지털로의 전환이나 발전은 단지 도구(tool)의 변화일 뿐 기본적인 정신(spirit)을 바꾸는 문제는 아니라는 게 제 생각입니다.

그 근거는 레거시 미디어가 간직해온 '저널리즘의 DNA'라 할 수 있는 탐사보도에 있다고 저는 믿습니다. 어떻게 보면 탐사보도야말로 디지털 시대에도 저널리즘이 살아남는 길이라고 할 수 있습니다. 레거시 미디어든 디지털 미디어든 빠질 수 있는 많은 부작용이 있습니다. 앞에서 예로 들었던 거대 권력과의 유착, 미디어 기업의 사익 추구, 가짜 뉴스를 통한 진영 논리의 강화 등 말이죠. 이런 것들로부터 미디어가 자유로울 수 있는 길 역시 탐사보도에 있다고 저는 생각합니다.

탐사의 목적이 뭘까요? 저널리즘이 지향하는 진실의 추구가 탐사의 목적일 것입니다. 대개의 경우 진실은 발견하기도 지켜내기도 쉽지 않습니다. 그러다 보니 자연히 긴 호흡의 취재가 필수이고, 이를 유지하고 지켜내려면 개인의 의지 못지않게 조직의 의지와 지원도 매우 필요합니다. 개인과 조직의 의지가 없으면 탐사는 기본적으로 성립할 수 없습니다. 숙명적으로 탐사는 거악이든 소악이든 본래적 의미의 저널리즘이 맞서 왔던 정치적, 사회적 부조리를 그 대상으로 할 수밖에 없다는 특성을 갖고 있으니까요. 이것들을 밝히고 지켜내는 게 얼마나 힘이 드는지는 경험을 통해 증명되고 있죠.

'이런 식이라면 디지털과는 점점 더 멀어지는 게 아닌가, 마이크로 타깃팅이 어려워지는 것 아닌가' 하고 생각할 수 있을 텐데요. 다른 한편으로는 이런 탐사의 특성이란 게 디지털이 갖고 있는 시간과 공간의 무제한성과 맞아떨어지기도 합니다. 다시 말해 탐사가 레거시와 디지털을 묶어 주는 역할을 할 수도 있다는 거죠. 예를 들어보겠습니다. 제가 JTBC에서 진행하는〈뉴스룸〉은 매주 세 번 '소셜 라이브'라는 디지털 콘텐츠를 진행하고 있습니다.〈뉴스룸〉이 끝나자마자 유튜브와 페이스북을 통해 그날 보도한 주요 뉴스에 얽힌 취재 뒷얘기를 전하는 콘텐츠입니다. 이게 가볍게 여겨질 수 있지만, 저희로서는 레거시와 디지털을 잇는 실험을 해보는 겁니다. '뉴스가 끝난 뒤 그 이용자들을 그대로 디지털로 옮겨갈 수는 없을까?' 하는 생각에서 '소셜 라이브'를 시도하게 된 것입니다. 시즌 2까지 페이스북 위주로 운영되던 '소셜 라이브'는 시즌 3 이후 유튜브로 자리를 옮겼습니다. 이렇게 된 지 아직 일 년도 안 됐습니다. 다시 말해 뉴스 소비가 페이스북에서 유튜브로 옮겨간 지가 일 년이 안 됐다는 겁니다.

'소셜 라이브'에서는 한 가지 아이템을 가지고 대략 30~40분가량 얘기를 나눕니다. 앵커와 해당 아이템을 취재한 기자가 묻고 답하는 형식입니다. 이슈를 다루면서 조금 가볍게 터치하는 경향은 있지만, 마음만 먹으면 이를 언제든 탐사의 깊이로 전환할 수 있는 게 중요합니다. 다시 말해 탐사 아이템을 갖고 40~50분, 60분까지도 '소셜 라이브'를 진행할 수 있는 겁니다. '아까는 6초론을 얘기하더니 웬 60분이냐?' 하고 의아해하실 분도 있을 텐데요. 뉴스 소비자에게 보여줄 게 있다면 60분도 가능하다는 걸 실험을 통해 증명해 나가는 단계입니다.

내일(2018년 12월 5일) '소셜 라이브'에는 피아니스트 조성진 씨가 출연합니다. 그래서 미리 피아노를 빌려 놓았습니다. 본래는 제가 2017년 11월 조성진 씨를 인터뷰한 적이 있는데, 그때는 탄핵정국이 계속되고 있던 때라 방송을 길게 하기가 어려웠습니다. 그게 너무 아쉬웠기에, 이번에는 〈뉴스룸〉 스튜디오에 피아노를 갖다 놓고 조성진 씨가 마지막 곡을 연주하다 자연스럽게 '소셜 라이브'로 넘어가 인터뷰를 진행하기로 했습니다. 연주도 한 곡 더 청해서 듣기로 하고요. 어떠한 소재, 주제라고 하더라도 레거시와 디지털을 연결하는 방안을 지속적으로 연구하는 것은 언론의 임무이기도 하기에 여러 방안을 고민 중이라는 말씀을 드리고 싶었습니다.

레거시와 디지털의 연결을 실험하다

요즘 4차 산업혁명 시대가 온다고 해서 협박 아닌 협박을 받고 있어요. '앞으로는 기사 작성도 인공지능(AI)이 할 것이다'는 말처럼요. 인공지능 시대가 되면 사라질 직업 17위가 기자라고 하던데, 최근에는 그 순위가 점점 더 올라가고 있다고 하더군요. 사실 증권 소식이나 스포츠 소식은 이미 인공지능이 전달하고 있어요. 날씨 소식도 인공지능이 더 잘 전달할 수 있을 거고요. 하지만 탐사도 인공지능이 할 수 있을까요? 저는 그렇게 생각하지 않습니다. 적어도 탐사 저널리즘은 인공지능과는 상관없는 일입니다. 물론 인공지능이 탐사를 도울 수는 있겠죠. 도움이 되는 데이터를 제공할 수도 있을 거고요. 그렇다고 인공지능이 탐사의 주체가 될 수는 없습니다.

오늘날 레거시 미디어는 영향력이 줄어들고, 심지어는 정치권력과 대중으로부터 동시에 공격을 받는 현상이 나타나고 있어요. 단적인 예로 별로 입에 담고 싶지는 않지만 기자를 가리키는 세 음절 단어도 등장했고요. 여기에는 디지털에 의한 매체의 다변화가 그 기능을 제공했다고 할 수 있을 것입니다. 매체가 그만큼 복잡 다양해진 거죠. 예전에는 몇몇 매체가 정보를 독점하면서 권위를 누렸지만, 지금은 그렇지 않습니다. 저마다 1인 방송을 하는 시대에 레거시 미디어의 영향력을 기대하기는 어렵죠. 이런 상황에서 모든 소비자가 각자의 신념을 지탱하기 위해 정보를 필요로 하고, 취사선택한 매체들로부터 정보를 공급받는 현상이 일반화하고 있습니다. 이렇게 접한 정보를 통해 자신의 신념을 더 공고히 해나가는 거죠. 포스트 트루스(post-truth) 시대 곧 탈 진실의 시대를 굳이 언급하지 않더라도, 이건 이미 모두가 아는 사실입니다. 가짜 뉴스는 여기서 파생된 역기능적인 현상이라고 할 수 있고요. 게다가 미디어가 기하급수적으로 늘어나면서 정치적, 사회적 어젠다들은 짧은 시간에 소비되고 사라져 버리는 순환구조 속에 놓여 있습니다. 때로는 매우 중요한 어젠다조차요. 이런 순환구조의 좋고 나쁨을 떠나서 현상이 그렇다는 겁니다.

탐사 저널리즘은 제가 늘 주장하는 어젠다 키핑(의제 유지)과 떼어 놓을 수 없는 관계입니다. 새로운 어젠다를 만들어내는 것은 주로 레거시 미디어의 역할이었지만, 이제 그런 시대는 상당 부분 지나가 버리지 않았나 싶습니다. 하지만 이런 상황 속에서도 진정으로 필요한 어젠다가 무엇인지를 판단하고 지키는 역할은

꼭 필요합니다. 저는 탐사 저널리즘이 이런 역할을 할 수 있을 거라 봅니다. 어젠다를 길게 유지하면서 사람들의 관심을 머물게 해야 하는 게 미디어의 역할이고, 그 역할은 여전히 중요하니까요.

며칠 전 문자메시지를 한 통 받았습니다. 삼성 백혈병 노동자와 삼성의 책임을 지속적으로 다룬 뉴스 덕분에 사과와 배상을 받고 결국 합의에 이르렀다는 감사의 문자였습니다. 〈뉴스룸〉은 삼성전자 반도체 백혈병 이슈를 거의 3년 동안 다뤄왔습니다. 희생자의 아버님도 몇 차례 전화로 연결해서 이야기를 들었고요. 그건 이 이슈가 무시되거나 잊혀서는 안 된다는 이유에서였습니다.

삼성과 백혈병 이슈는 어찌 보면 극히 일부입니다. 잘 아시다시피 최순실 국정농단 사건과 다스 실소유주 논란은 어젠다 키핑의 대표적인 예였습니다. 2018년 초부터 현재까지 파장이 계속되고 있는 미투(#Metoo) 보도 또한 마찬가지로 열심히 추적해 왔어요. 어쩌면 대한민국 사회 전체가 어젠다 키핑을 해온 이슈였다고도 할 수 있겠습니다.

기자는 괴물이 아니다

때로 지극히 논쟁적인 사안으로 어젠다를 이어갈 경우 언론사는 많은 공격을 받습니다. 시청자와 독자의 규모가 줄어들면서 매우 어려운 상황에 직면하기도 하죠. 그럼에도 할 때는 해야 한다는 생각에서 보도를 계속 이어 가는 겁니다. 예를 들어 세월호 사고 때는 〈뉴스룸〉에서 200일가량 빼놓지 않고 관련 뉴스를 보도했습니다. '뉴스가 없다고 얘기하지 말자'고 내부적으로 다짐했죠. 취재하면 뉴스는 나오는 것이니까요. 200일 동안 세월호를 탐사보도한 셈이라고도 할 수 있죠.

이 과정에서 '무슨 정치적 이유가 있는 게 아니냐'는 공격도 많이 받았습니다. 대개 언론사들이 이런 식의 보도를 이어 가면 그런 의심을 받곤 하죠. 국정농단 보도와 관련해서는 개인적으로 지금도 공격을 받고 있습니다. 취재기자들도 마찬가지로 여태껏 재판정에 불려다니고 있습니다. 기자라고 하면 강할 것 같죠? 그렇지 않습니다. 여러분과 똑같습니다. 정신력이 강해서 험한 걸 봐도 아무렇지 않은 괴물이 아니에요. 여러분과 똑같은 사람이라 계속 공격을 받으면 상처를 입습니다. 때로는 심리적 치료를 요청할 때도 있어요. 기자가 그런 것도 못 견디냐고 할 수도 있겠죠. 저의 예를 들어볼게요. 제가 어떤 지역에서 뭘 사려고 시장에 갔더니 그 앞에서 제 참수식을 열고 있더라고요. 어느 날에는 미국 로스앤젤레스에 사는 여든 넘은 이모님이 전화를 걸어오셨어요. 오늘 한인타운에서 네 화형식을 하는 걸 봤다면서요. 그러니 '너는 왜 못 버티느냐'라고 할 일이 아니에요. 기자들은 괴물이 아니니까요.

그럼에도 지키고자 하는 어젠다를 지켜 나가야 하는 이유는 굳이 여기서 말씀드리지 않아도 될 것 같습니다. 이 모든 과정에 바로 탐사 저널리즘이 있습니다. 즉 우리 커뮤니티에 어떤 어젠다가 왜 중요한가를 제시하고 설득하기 위해서는 끊임없이 그 어젠다를 제기해야 하고, 그렇게 하기 위해서는 당연히 그에 따른 지속적 취재가 필요하며, 이것은 또 당연히 탐사보도로 이어진다는 것입니다.

민주주의, 인본주의 그리고 탐사보도

그렇다면 어떤 어젠다를 제시하고 유지해야 할까요? 저는 그 기준을 두 가지로 제시하고 싶습니다. 민주주의와 인본주의가 그 두 가지입니다. 이게 너무 큰 개념이어서 들으면 피식 웃는 분도 있을 겁니다. 제가 거대 담론을 즐겨하는 사람은 아닙니다. 그럼에도 '탐사 저널리즘이 왜 존재해야 하는가'라는 질문을 던졌을 때, 이것 말고는 달리 설명할 방법이 없더라고요. 이는 처음부터 거창하게 목표를 정해 놓고 추구해 왔다기보다 이제껏 해왔던 일들에 비춰 얻은 결론이기도 합니다. 제가 아까 사례로 든 모든 이슈도 따지고 보면 모두 민주주의와 인본주의 이 두 가지에 해당하는 문제들이죠. 여기서 벗어나는 것은 하나도 없습니다. 그러니까 레거시든 디지털이든 추구하는 저널리즘이 있다면 결국에는 이 두 가지로 수렴되는 게 아닌가 하는 생각을 하게 됩니다.

이렇게 수렴된 두 가지 기준을 가능하게 하는 저널리즘의 방법론이 탐사보도라고 저는 생각합니다. 그렇다고 무조건 탐사보도만 해야 된다고 말하려는 게 아니라는 건 여러분도 아실 거예요. 그런 의미에서 저는 〈시사IN〉의 2018년 콘퍼런스 주제가 '탐사보도와 아시아 민주주의'라는 게 놀랍기도 하고, 동시에 묘한 통쾌감을 느낍니다. 저의 생각이 콘퍼런스를 준비하는 사람들의 생각과 크게 다르지 않구나 싶어서요. 제가 처음부터 결론을 내려 놓고 발표문을 준비한 건 아니었지만, 하고 싶은 얘기를 써 내려가다 보니 궁극적으로는 〈시사IN〉의 주제의식과 서로 맞닿은 것입니다.

오늘의 논의 주제는 탐사보도와 민주주의입니다. 우리가 아무리 디지털의 시대에 변화에 적응하느라 머리를 싸매더라도, 결국에 우리가 천착하고 매달려야 하는 건 민주주의 그리고 그 방법론으로서의 탐사 저널리즘일 것입니다. 제가 거기에 덧붙인 인본주의와 함께 말입니다.

이상이 콘퍼런스 문을 열면서 드리고 싶은 말씀이었습니다. 저보다도 언론 현장에서 더 치열하게 고민하고 부딪쳐 오신 국내외의 언론인들을 모시고, 이분들과 함께 많은 생각을 나누고 인사이트를 공유하면 좋겠습니다. 감사합니다.

2장.

우산혁명 그 후, 권력과 언론

크리스 영

사회. 권력과 자본으로부터 독립을 추구하는 아시아 언론인의 이야기를 들어보겠습니다. 2014년 홍콩에서 일어난 민주화 시위, 일명 우산혁명의 현장을 지켰던 크리스 영(Chris Yeung) 기자에게 이야기를 청해 듣겠습니다.

실제 일어났던 이야기로 시작하겠습니다. 빅터 맬릿(Victor Mallet)은 영국의 저널리스트입니다. 〈파이낸셜 타임스〉가 두 차례에 걸쳐 맬릿을 홍콩에 파견했습니다. 한 번은 특파원, 그리고 2016년부터는 아시아지국 편집장으로서였습니다.

2018년 10월 홍콩 정부는 맬릿의 비자 갱신을 거부했습니다. 이유는 알려지지 않았고, 그는 그 달로 홍콩을 떠나야만 했습니다. 2018년 11월 그는 다시 홍콩으로 돌아오려고 했어요. 후임자에게 인수인계를 하고, 가족에게 줄 선물을 사고, 문학 행사에 참석하고, 그리고 동료와 오랜 친구들에게 작별 인사를 하는 등 홍콩에서 해야 할 일이 많이 남았기 때문입니다. 하지만 맬릿에게 그 기회는 주어지지 않았습니다. 이날 그는 몇 시간 동안 공항 출입국 관리들로부터 심문을 받은 끝에 결국 입국을 거부당했습니다. 이유는 여전히 알려지지 않았죠.

맬릿은 페이스북에 홍콩 정부가 발행한 프레스카드와 옥토퍼스 카드(대중교통 및 쇼핑용 전자 스마트카드 등으로 쓰이는 홍콩의 대중적인 결제수단)의 사진을 올리고 친구들과 홍콩에 온라인으로 작별 인사를 했습니다. 작별 인사에서 그는 다음번 기착지는 유럽이며, 앞으로는 프랑스에서 일을 하게 될 것이라고 밝혔습니다. 아울러 그는 조지 오웰의 소설 『1984』를 다시 읽겠다며 중국과 홍콩 정부에 일침을 놓았죠. '전쟁은 평화' '자유는 예속' '무지는 힘'이라는 구절을 인용해서요.

맬릿이 뜻밖의 일을 겪게 된 건 2018년 8월 홍콩외신기자협회가 주최한 한 행사의 사회를 맡으면서입니다. 홍콩외신기자협회(Hong Kong Foreign Correspondents Club, FCC)는 오찬 연설에 홍콩 독립을 지지해온 활동가 앤디 찬(陳浩天)을 초청했습니다. 당시 맬릿은 홍콩외신기자협회 부회장이었습니다. 그런데 이즈음 홍콩 정부는 앤디 찬이 설립자이자 대표로 있는 홍콩민족당을 사단(社團)조례를 근거로 불법화하려는 움직임을 보이고 있었습니다.

2015년 출범한 홍콩민족당은 영국령이었던 홍콩이 1997년 중국에 반환된 뒤 홍콩 독립을 강령상으로 주장한 최초의 정당입니다. 중국 외교부 홍콩 주재 공서(公署)는 앤디 찬이 홍콩외신기자협회 행사에서 연설을 하게 된 것을 알고 패닉 상태에 빠졌습니다. 그래서 행사 전부터 홍콩외신기자협회 간부들에게 은밀히 접촉해 재고해 달라는 의사를 전했죠. 물론 그건 '하지 말라'는 외교적 표현이었고요. 홍콩 행정장관인 캐리 람 또한, 좀 더 온건한 표현을 쓰기는 했지만 행사에 대해 '유감스럽고 부적절하다'고 반응했습니다.

그러나 이에 대해 홍콩외신기자협회는 저널리스트들의 행사인 만큼 광범위한 정치적 스펙트럼을 지닌 사람들을 초청해 다양한 견해를 들으려는 것일 뿐이라며 애초의 입장을 고수했습니다. 자신들은 연사의 의견을 들을 뿐이지 이들의 주장을 지지하는 것이 아니며, 앤디 찬의 독립 주장에 대해서도 마찬가지라고 말이죠. 행사는 예정대로 진행되었습니다. 행사장 바깥에서 벌어진 소란스러운 시위에도 불구하고, 그날의 오찬 연설 또한 순조롭게 치러졌어요. 그러자 외교부 공서와 캐리 람이 발언의 수위와 강도를 훨씬 더 높여서 대응했습니다. 사실 그 자체가 크게 놀랄 일은 아니었습니다. 기자들과 많은 시민들은 사건이 이것으로 끝났다고 생각했어요. 어쨌든 행사는 이미 마쳤으니까요. 그런데 그게 아니었습니다.

2018년 10월 빅터 맬릿의 비자 연장 신청이 거부되자 언론계와 사회 전반에 파문이 일었습니다. 미국을 비롯해 영국, 프랑스, 유럽연합 등 서구 국가들 또한 사건에 대한 우려를 담은 성명서를 발표했습니다. 홍콩 정부가 비자 갱신을 거부한 합리적인 어떠한 이유도 제시하지 않았기 때문입니다. 제가 몸담고 있는 홍콩기자협회를 비롯해 언론인들이 생각하기에 유일하게 가능성 있는 이유는 앤디 찬을 초청했던 행사였습니다. 한마디로 그가 중국 중앙정부에 의한 정치 보복의 편리한 표적이 된 것입니다. 중국식 표현을 빌리면 '원숭이에게 겁을 주기 위해 닭을 벤' 셈이랄까요. 이는 기자들과 일반 국민에 대해 일종의 경고성 메시지를 전달하려는 의도로 보입니다. 2017년 7월 시진핑 중국 국가주석은 홍콩을 방문해 '레드라인'을 넘지 말라고 경고한 바 있습니다. 1997년 홍콩 반환 이후 일국양제(一國兩制)하에서 레드라인이란 홍콩 독립을 주장하는 행위 또는 더 폭넓게는 중국의 국가안보나 핵심 이익에 대한 위협으로 간주되는 행위를 뜻합니다.

2017년과 조지 오웰의 『1984』

2017년은 홍콩에 특별한 해였습니다. '영국·중국 공동선언'이라고도 불리는 홍콩반환협정에 따라 홍콩이 중국에 반환된 지 20년이 되는 해였습니다. 이는 일국양제 체제의 수명이 5분의 2 이상 흘렀음을 의미합니다. 중국은 1997년 홍콩 반환 이후 50년 동안 홍콩이 기존의 자본주의 체제와 생활방식을 유지하도록 허용하겠다고 약속한 바 있습니다.

1984년 역시 홍콩에 특별한 해였습니다. 영국과 중국 정부가 2년여에 걸친 협상 끝에 홍콩반환협정을 체결한 때가 바로 1984년이었습니다. 그때를 기점으로 영국에서 중국으로 반환 절차가 시작되었습니다. 그런 만큼 빅터 맬릿이 언급한 『1984』는 1984년부터 1997년까지의 반환, 그리고 그 이후 홍콩 사회가 겪었던 불안과 걱정의 기억을 상기시켰습니다.

더 나쁜 소식은, 조지 오웰이 소설 속에서 상상했던 세계가 1997년 홍콩 반환 이후 홍콩에서 펼쳐진 일련의 변화와 놀랄 만큼 닮아 있다는 사실입니다. 최근 몇 년 동안은 특히 더 그렇습니다. 홍콩은 서양의 자유주의적 가치를 추구하면서도 중국의 전통문화를 고수해온 자유롭고 개방적인 사회라고 자부해 왔어요. 그런데 지금은 홍콩이 그저 본토화된 또 하나의 도시가 되어 간다는 우려가 커지고 있습니다. 권력과 통제에 기반한 중국식 권위주의 지배하에 놓이는 것이죠.

홍콩에 대한 주권 행사를 점차 확대하고 결국에는 완전히 통제하려는 중국 공산주의 당국의 시도는 지난 2014년 홍콩 시민들이 도심을 79일간 평화적으로 점거한 이른바 우산혁명이 벌어진 근본적인 원인이기도 했습니다.

시민 불복종 운동이 갑자기 시작된 것은 아니었습니다. 거슬러 올라가면 2003년 7월 1일 50만 명 이상의 시민이 거리로 쏟아져 나와 '퍼펙트 스톰'을 일으켰다고 표현된 7·1 시위가 있었죠. 인구가 740만 명에 불과한 도시에서 50만 명이 시위에 참가했다는 사실은 상당히 역사적인 일입니다. 당시 정부 실책에 대한 시민들의 불만이 증가하자, 기본법(헌법) 제23조에 근거해 국가안보를 명목으로 한 입법이 추진됐습니다. 기본법 제23조에 따르면, 홍콩 정부는 중국에 대한 반역과 국가 분열, 국가기밀 유출,

외국 정치단체와 관계 구축 등을 모두 금지하는 법률을 제정할 의무가 있습니다. 국가안보를 내세우고 있지만 이러한 법 제정을 통해 언론 자유가 침해당하고 표현의 자유가 억압될 것임은 누구나 알 수 있었죠. 그래서 이에 대한 불만이 누적됐고 이것이 시위로 터져 나온 것입니다. 국가안전보장법을 관장하던 주무 장관과 친중 정치인들의 잇따른 도발적 발언으로 야당 또한 격렬하게 저항을 벌였죠. 국가안전보장법 제정 시도는 결국 7월 1일 대규모 집회가 있은 뒤 중단되었습니다.

2003년 7월 1일을 기억하며

7·1 시위 이후 피플 파워의 엄청난 분출에 충격을 받은 베이징은 1997년 이후 진행해온 홍콩에 대한 불간섭주의 방침에서 공산당이 직접 통제하는 방식으로 변화합니다. 일단 홍콩주재 연락판공실과 사무판공실 기능이 강화됐고요, 통일전선공작부의 권한 또

한 확대됐습니다. 2007년 후진타오 당시 주석은 반환 십 주년을 맞아 홍콩을 방문했습니다. 그는 연설에서 젊은이들을 대상으로 한 국민교육을 강화할 것을 당부합니다. 홍콩 반환 이후 십 년이 흘렀는데도 '홍콩 인민들의 마음'이 중국 본토로 돌아오지 않았고, 반항심이 높다는 이유에서였죠.

그로부터 5년이 흐른 2012년, 당시 홍콩 행정장관 렁춘잉(梁振英)은 취임 두 달 만인 2012년 9월부터 고교 커리큘럼에 국민교육을 도입할 것을 검토하려 했습니다. 그러자 반대 시위가 시작됐습니다. 그 무렵 청년 민주화 운동의 기수로 떠오른 인물이 조슈아 웡(黃之鋒)입니다. 그를 비롯해 고교생들로 구성된 단체가 학부모들과 함께 열흘 이상 수업 거부를 벌이고 정부청사에서 연좌농성을 벌였던 거죠. 이에 렁춘잉 정부는 더 이상 새로운 교육과정을 검토하지 않겠다며 민의에 굴복할 수밖에 없었습니다. 국민교육에 반대하는 대중의 열기는 베이징을 다시금 놀라게 했습니다. 이는 굉장히 중요한 사건이기도 했는데요. 홍콩에서의 보편적인 참정권 약속을 포함해, 홍콩에 대해 어떤 조처를 취할지 중국 본토가 다시 생각하는 계기가 됐기 때문입니다. 2007년 중국 정부는 이르면 2017년부터 홍콩 시민들이 1인 1표에 의거해 그들의 대표자를 직접 선출할 수 있도록 하겠다고 약속한 바 있습니다.

홍콩에 대한 정책을 재고하면서, 중국 정부는 보편선거를 시행하는 조건으로 그들(중국)이 인정한 후보만이 당선될 수 있도록 일종의 정치적 여과 장치를 도입합니다. 홍콩에서 선출한 대표자를 수락할지 여부를 중국이 결정할 수 있도록 한 것이죠. 중국이 참정권을 부여했으니 나머지는 홍콩이 순응하라는 식이었는데, 이를테면 중국식 투표라 할 수 있겠습니다. 영국의 전직 식민지 관리였던 데이비드 에커스 존스(David Akers-Jones)는 1997년 한 기자와의 인터뷰에서 중국인들이 생각하는 투표에 대해 이렇게 말했습니다. "중국식 투표는 결과를 조작하는 것이 아니다. 다만 투표가 있기 전에 결과를 알고 싶어 할 뿐이다."

사랑과 평화로 센트럴을 점거하라

2017년 행정장관 선거가 다가옴에 따라 2013년 3월부터 홍콩 시민들은 중국 정부에 민주화 압박을 가하는 불복종 운동을 본격적으로 시작했습니다. 이런 대규모 민주화 운동은 베이징에 불안감을 안겨 주었는데, 이는 민중의 힘을 또 다시 목격했기 때문만은 아니었습니다. 시민 불복종이 홍콩의 법치 시스템에 대한 도전이자 효과적인 거버넌스에 대한 위협이 될 수 있다는 게 중국 정부로서는 더 중요했겠죠.

  중국 정부는 센트럴(홍콩의 금융·쇼핑 중심지) 점거 시위에 대응하는 더 강화되고 다원화된 전략 중 하나로 전통적인 주류 미디어들을 중앙정부와 홍콩 자치정부를 지지하도록 동원하려고 하기도 했습니다. 우산혁명이 있기 몇 달 전인 2014년 4월 여러 언론사 고위 간부들을 베이징으로 초청했죠. 언론사 간부들을 만난 자리에서 리위안차오(李源潮) 중국 부주석은 찬사를 늘어놓습니다. 홍콩의 원활한 이양에 기존 매체들이 많은 기여를 했다면서요. 나아가 리위안차오는 매체들이 '더 큰 그림'을 보고 중국의 강력한 경제 성장에 따른 이익을 거둬들이는 쪽으로 사회를 이끌어야 한다고 촉구합니다. 본질적으로 중국이 홍콩을 대하는 방식과 마찬가지라고 할 수 있어요. 경제적 이익을 누리게 해줄 테니 정치적 문제를 일으키지 말라는 것이었죠. "홍콩 언론이 객관적이고 공정하고 공평하게 작동됨으로써 개혁과 발전에 수반되는 새로운 기회를 잡을 수 있도록 국가와 홍콩 사회의 집단적 이익을 고려할 수 있기 바란다"라면서요. 언론 보도에 따르면 리위안차오는 언론사 간부들에게 '센트럴 점거'는 불법이라고도 말했습니다.

언론사들은 이를 부드러운 경고로 받아들이고 '더 이상 정부에 반대하지 말라, 적어도 시위 상황을 눈에 띄게 보도함으로써 불난 데 기름 붓는 짓은 하지 말라'는 메시지로 해석했습니다. 당시 중국 방문단은 3개 주요 언론단체가 연합한 형태였습니다. 신문 소유주로 구성된 홍콩신문협회, 언론사 주요 임원과 고위 편집진으로 구성된 홍콩뉴스경영자협회, 중국이 후원하는 신문사 기자들로 구성된 홍콩기자연맹(1997년 설립) 이 세 곳입니다. 제가 속한 홍콩기자협회는 방문단 대표로 초청받지 못했어요.

중국 정부의 이 같은 공작이 실제로 우산혁명에서 얼마나 효과를 발휘했는지 평가하기는 쉽지 않습니다. 그렇지만 뉴스 편집자 입장에서 볼 때 시민 불복종 운동을 공개적으로 지지한 쪽은 소수에 불과했습니다. 대부분의 언론은 이 같은 움직임에 대해 부정적인 입장을 보이거나 관망하는 자세를 취하는 쪽을 선호했죠.

우산혁명 전 단계나 초기 단계에 언론들이 양면적인 태도를 취했다면 그것은 시민 불복종이라는 개념이 홍콩에 새로운 것이었기 때문입니다. 민주주의를 위해 법을 어긴다는 것은 홍콩 사회에서 상상할 수 없는 일이었으니까요. 심지어 언론들조차 시민 불복종 운동에 대한 대중의 의견을 파악하는 데 어려움을 겪었습니다. 많은 이들이 관망하는 태도를 보였죠. 이런 대규모의 시민 불복종은 한 번도 없었기 때문입니다.

하지만 센트럴 점거 사건이 터진 뒤 언론을 포함한 홍콩 사회는 깜짝 놀랐습니다. 평화롭고 질서정연하고 무력 행위 없는 시위가 이어졌으니까요. 덕분에 시위 초기에는 전통 언론이나 뉴미디어 보도가 대부분 긍정적이었습니다. 시민 불복종 운동에 대한 여론조사 결과 또한 놀랍도록 지지 일색이었죠. 이것이 다시 언론 보도에 영향을 미쳤고요. 이에 일부 비평가들은 언론이 불법 시위를 낭만화한다고 비난하기도 했습니다. 시민들이 평화적인 시위에 동조적이었고, 시민의 대표자를 뽑는 민주적인 선거를 허용하지 않는 중국 정부에 부정적인 태도를 보였습니다. 언론 보도 역시 대부분 호의적이었고 이것이 다시 운동에 자극을 주었습니다.

이른바 '점거 트리오'라 불렸던 대학교수 두 명(각각 법학과 사회학을 가르치고 있었다), 그리고 성직자 한 명에 의해 성사된 79일 점거 운동은 다양한 계층의 사람들이 참여한 자발적인 운동이었습니다. 자발적인 시민사회의 권력이 발휘되면서 이 운동은 스스로 생명력을 얻었죠. 그 과정에서 온라인 미디어와 소셜 미디어는 사람들을 연결하고, 그룹을 형성시키며, 시위대가 점거한 지역에서 무슨 일이 일어났는지를 전달함으로써 큰 역할을 수행했습니다. 외국 언론사들이 이를 취재함으로써 시위대가 더 큰 힘을 얻기도 했죠. 한편 이것은 외부 개입에 대한 중국 정부의 우려를 키웠습니다. 우산혁명의 절정기에 이 세 사람이 있었던 셈이지요.

우산혁명은 이제 역사가 됐습니다. '점거 트리오'는 정부가 주동자로 지목한 다른 민주화 운동가 6명과 함께 공공소란을 모의하고 선동한 혐의로 기소되어 현재 법정에 출두하고 있습니다. 이것은 정부가 적용한 혐의이고, 유죄를 선고받을 경우 형량이 높을 것으로 보입니다. 재판 결과를 섣불리 예측하기는 어렵습니다.

우산혁명의 성패는 아직 단정하기 이릅니다. 시민들은 2017년 행정장관 선거를 완전한 직선제로 치르라고 요구했지만, 결과적으로는 보편적 참정권을 획득하지 못했습니다. 2017년 선거에서 캐리 람 행정장관은 1,200명으로 구성된 선거인단에 의해 선출됐습니다. 선거인단은 중앙정부에 우호적인 사람들로 구성되었고요. 행정장관 보편선거에 대한 추후 계획도 아직 없는 상황입니다. 국회의석의 절반가량을 여전히 의사, 회계사 같은 직능단체 대표들로 구성하는 방식을 포함해 행정장관 선출 방식을 손볼 계획표도 새로 만들어야 하는 상황입니다. 그럼에도 내부적으로 이

운동은 홍콩의 사회적, 정치적 풍경을 크게 바꾸었습니다. 중국 본토와 홍콩 관계에도 긴장이 증폭됐죠. 종합하자면 '한 국가, 두 체제'라는 시스템상에 새로운 불확실성이 생긴 셈입니다.

로컬리즘의 부상, 자결권 그리고 독립의 요구

우산혁명 후 홍콩 상황부터 말씀드리겠습니다. 시민들이 점거 시위에 자발적으로 참여한 경험에 고무돼 우산혁명 기간 동안 그리고 우산혁명 이후 새로운 시민단체들이 생겨났습니다. 우산혁명의 불꽃을 계속 타오르게 하려는 바람에서 전문가와 일반인 들이 만든 단체들로, 이름하여 '포스트 엄브렐라'(post-umbrella)라고 부릅니다. 이들은 시민사회에 신선한 자극을 주었습니다. 이들 중 일부는 '로컬리즘'(지역주의)을 옹호합니다. 로컬리즘은 홍콩의 자치권과 로컬 문화, 라이프스타일을 지켜 나가려는 정치운동이죠. 홍콩 내부의 정치·경제·사회 문제에 대한 중국 정부의 간섭이 갈수록 심화하는 데 대해서 홍콩 시민, 특히 젊은이들의 불안감이 커지는 가운데 이들은 강력한 지지를 받으면서 새로운 민주화 세력으로 부상하고 있습니다.

    로컬리즘의 부상은 자결권 그리고 홍콩 독립운동이 표면에 떠오르는 것과 궤를 같이합니다. 2015년에는 홍콩민족당이 출범했어요. 홍콩의 독립을 지지하는 최초의 정당입니다. 홍콩 정부는 2018년 10월 홍콩민족당의 활동 금지를 정식으로 명령했습니다. 이전에도 2016년 입법회 의원 선거에서 당선된 친 민주당 성향 의원 5명이 당선 자격을 박탈당한 일이 있었습니다. 당선된 의원들은 입법회 첫 회의 날 '홍콩은 중국의 일부'라는 내용 등이 담긴 홍콩 기본법을 지키겠다고 선서하고 충성을 맹세해야 합니다. 그런데 이들 의원 일부가 페이스북에 홍콩 독립 지지 의사를 표명하는 등 고의적으로 법을 무시하는 행동을 했다며 선서 무효 판정을 받은 것입니다. 선서하는 동안 홍콩 독립을 상징하는 깃발을 착용했던 것 또한 이들이 자격을 박탈당한 사유가 됐습니다.

보편적인 참정권을 획득하는 데 실패했음에도 불구하고 우산혁명은 홍콩 시민들의 의식을 각성시켰다는 점에서 획기적인 사건으로 평가받았습니다. 로컬리즘, 자결권, 홍콩 독립을 옹호하는 활동이 표면화된 시기와도 맞물리죠. 특히 젊은이들 사이에 중국 정부가 내건 애국심에 대한 저항감이 커지면서 일국양제 및 중앙정부에 대한 불신 또한 증폭되었습니다.

한편 중국 입장에서는 로컬리즘이나 자결권이라는 개념이 본질적으로 분리주의 혹은 분열주의로 받아들여지죠. 그런 의미에서 2017년 홍콩을 방문한 시진핑 주석이 국가안보에 반하는 행동은 절대 용인할 수 없다며 강력한 입장을 표명한 것도 그리 놀랄 일은 아닙니다.

시진핑, '레드라인'을 긋다

캐리 람 행정장관이 이끄는 정부의 출범식 날 행한 연설에서 시진핑 주석은 일국양제 정책을 변함없이 고수할 것이라고 거듭 강조했습니다. 완전하고 정확한 방향으로 이 같은 정책을 이행함으로써 홍콩이 어긋나지 않게끔 하겠다고도 했죠. 시진핑 주석의 당시 연설에는 일국양제라는 정치적 골격 아래 '하한선'(bottom-line)과 '레드라인'(red-line)이라는 개념이 놓여 있었습니다.

시진핑 주석은 중앙정부와 홍콩특별행정지구(SAR) 관계에 관련한 문제는 '하나의 국가'라는 원칙에 따라 올바르게 다뤄져야 한다고 주장했습니다. '하나의 국가'라는 생각이 확고하게 정립돼야 한다면서요. 국가안보를 위태롭게 하고 중앙 당국의 권

력 및 기본법의 권위에 도전하면서 홍콩을 본토에 스며들지 못하게 하려는 모든 활동은 중국 정부의 '하한선'에 대한 도전으로 여긴다고 했습니다. 말하자면 '그들이 허용돼서는 안 된다'는 거였죠.

2015년 중국은 국가안보에 대한 새로운 법을 공포합니다. 1993년에 개정됐던 기존 법률과 2015년 개정 법률의 가장 큰 차이는 중앙정부에 대한 반역, 분리, 전복 외에 더 많은 새로운 영역이 범죄에 포함됐다는 점입니다. 금융, 경제, 식량, 에너지, 인터넷, 정보, 종교뿐만 아니라 우주 공간, 국제 해적, 극지방 등이 새로운 영역에 포함됐죠. 새 국가안보법을 공포하면서 중국 정부는 4월 15일을 국가안보 교육일로 지정했습니다. 홍콩과 마카오 또한 이 새로운 국가안보법 체제에 편입됐지만, 새 법이 홍콩에 직접 적용되지는 않습니다.

2018년 4월 15일 한 전직 장관이 설립한 싱크탱크가 국가안보에 관한 심포지엄을 열었는데, 이 행사의 연사 명단에 홍콩 정부와 중국 정부의 고위급 관리들이 포함되었습니다. 이 심포지엄은 중국 정부와 홍콩 정부가 '하나의 국가'라는 최우선적 원칙 또는 국민들의 애국심을 증진시키려 한 사례 중 하나였습니다. 안보 위협에 대한 중국의 집착은 우산혁명에 대해서도 음모론을 낳고 있습니다. 렁춘잉 전 행정장관은 공개적으로 우산혁명 배후에 외국의 정치 세력이 있다고 말했습니다. 정부가 적절한 시기에 증거를 내놓겠다고 했죠. 그러나 아직 홍콩 정부는 렁춘잉의 주장을 입증할 만한 그 어떤 증거도 제시하지 못하고 있습니다.

홍콩이 혁명 기지가 될 것을 두려워하는 중국

이제 시간을 1989년 베이징에서 일어난 천안문 시위로 돌려 보겠습니다. 1989년 4월 중순부터 베이징의 대학생들은 민주주의와 언론 자유, 부정부패가 없는 정부 등을 주장하며 시위를 벌였습니다. 당시 홍콩 사람들도 많은 영감을 받았습니다. 그들의 운동을 지원하고, 그들에게 동조했어요. 중국이 민주화되지 않으면 홍콩도 결코 민주화될 수 없을 것이라고 생각했으니까요. 이에 홍콩에서도 많은 사람들이 거리로 나섰습니다. 1백만 명 이상이 행진에 참여했어요. 그때 인구가 약 5백만~6백만 명이었을 겁니다. 그러니까 1989년 홍콩 시민 대여섯 명 중에 한 명이 시위에 나온 셈이죠. 베이징 대학생들을 지원하기 위해 돈을 기부하기도 했습니다. 그러나 천안문 시위는 중국 군대에 의해 진압되었습니다. 그리고 중국 정부는 홍콩에 강력한 경고를 보냈죠. 홍콩을 중국의 체제 전복을 위한 기지로 만들지 말라고요. 29년 전부터 이런 경고가 있은 셈입니다.

그로부터 29년이 흘렀지만 중국은 여전히 민주주의 국가가 아닙니다. 물론 중국의 정치력이나 경제력은 더 이상 과거와 같지 않죠. 그런데 역설적이게도 중국이 더 강해질수록 중국 지도자들은 국익과 국가안보에 대한 위협을 더 크게 느끼는 것 같습니다. 도널드 트럼프가 미국 대통령이 되면서 그들의 두려움은 더욱 커졌죠. 새로운 냉전에 대한 우려 속에서 중국 지도자들은 외부의 적대 세력에 점점 더 위협을 느끼고 있습니다. 외부 세력이 공모해 홍콩을 중국 중앙정부에 대항하는 체제 전복의 전초 기지로 삼을 것이라는 두려움을 느끼는 거죠. 한편 시진핑 주석은 점점 더 복잡해지고 불안해지는 글로벌 환경에 노출돼 있습니다. 중국 사회 내부에서도 다양한 이해관계의 충돌이 일어나고 있고요.

이런 맥락 속에서 시진핑 주석은 전 국가에 대해 정치적, 사회적 통제를 계속 강화하고 있습니다. 일국양제하에 있는 홍콩도 점점 더 거센 압박을 받고 있죠. 언론들 역시 이런 기류에 영향을 받고요. 2018년 10월 언론사 고위간부 대표단이 베이징을 방문했을 때 중국 공산당 선전부장과 만날 기회가 있었는데요. 언론 보도에 따르면 당시 그는 '외부 세력이 중국 본토에 개입하기 위한 전초 기지로 홍콩을 이용하는 걸 막아 달라'고 부탁했다고 합니다. 시진핑과 비슷한 메시지를 언론사 고위 간부들에게 전달한 거죠. 나아가 선전부장은 홍콩 언론이 중국 본토에 대한 보도를 더 많이 해달라—물론 긍정적인 보도를 말하는 겁니다—그럼으로써 젊은 세대들이 본토에 더 잘 알게 해달라고도 요청했다고 합니다.

날로 하락하는 언론자유지수

중국의 경제와 사회는 개방성이 증가하는 추세를 보입니다. 그렇지만 정치적 반대 세력이나 언론에 대한 통제는 여전히 엄격하죠. 몇몇 중국 관측통들은 시진핑 주석의 언론 통제, 특히 국영 언론에 대한 통제가 강화되고 있다고 말합니다. 간단히 말해 시진핑 주석이 집권한 이래 중국의 언론 자유는 후퇴하고 있습니다. 점점 더 많은 언론인들이 감옥에 갇히고 있습니다. 2012년부터 사상과 언론, 표현의 자유를 제한하는 일련의 조치들이 도입되었습니다. 그중에는 대학과 언론이 다뤄서는 안 되는 '일곱 가지의 금지된 주제'도 있는데, '표현의 자유'와 '보편적 가치'도 포함됩니다. 국경없는기자회가 매년 발표하는 세계언론자유지수에 따르면 2012년 174위였던 중국의 언론 자유 순위는 2017년에 176위로, 밑에서 다섯 번째입니다. 홍콩 또한 같은 시기 순위가 54위에서 73위로 하락했습니다. 언론자유지수가 처음 발표된 2002년만 해도 홍콩의 순위는 18위였습니다. 그랬던 것이 73위까지 급격히 떨어졌습니다.

제가 속한 홍콩기자협회에서도 매년 4월 언론자유지수를 발표하는데요. 2018년 일반 대중이 매긴 홍콩의 언론자유지수는 100점 만점에 47.1점에 불과했습니다. 이는 전년도에 비해 0.9점 떨어진 점수로, 2013년 조사가 시작된 이래 가장 낮은 점수입니다. 조사에 응한 언론인의 73퍼센트는 홍콩의 언론 자유가 후퇴했다고 응답했습니다. 그런가 하면 대부분의 언론인과 일반인은 이번 조사에서 중앙정부의 압력이 언론의 자유를 침해하는 주요 요소라고 답했습니다. 그 밖에 자기 검열과 언론 소유주의 압박 등도 침해 요소로 꼽혔습니다.

사실 홍콩이나 중국 본토에서 언론인들이 감옥에 갇히는 건 지난 수십 년 동안 극히 드물었습니다. 그러나 리더십과 국익이 위협받고 있다는 중국 시진핑 정부의 피해망상이 커짐에 따라 언론과 표현의 자유는 날이 갈수록 위축되었습니다. 이는 빅터 맬릿 외에 현재 영국에 망명 중인 작가 마젠(馬建)의 사례에서도 극명하게 드러납니다. 마젠은 2018년 11월 홍콩 타이쿤 아트스페이스에서 열리는 국제문학축제에서 연설을 하기로 초청을 받았습니다. 이 자리에서 시진핑 주석의 차이나 드림을 풍자한 신간 『차이나 드림』(中國夢)도 발표할 예정이었어요. 그런데 주최 측은 발표

이틀 전에 갑자기 장소를 빌려줄 수 없다는 통보를 받게 됩니다. 아트센터 경영진은 특정 집단의 정치적 이해관계를 도모하는 행사에 장소를 제공하고 싶지 않다고 밝힌 것 외에 다른 자세한 설명은 하지 않았습니다. 이 사건은 홍콩 사회에 상당한 파문을 일으켰는데요. 예술 단체와 언론 단체 들은 이것이야말로 노골적인 자기 검열이라며 우려를 표명했습니다. 이 사건은 마젠이 정치적인 견해를 밝히지 않겠다고 선언하고 타이쿤 아트스페이스가 다시 장소를 빌려주는 것으로 일단락되기는 했습니다.

마젠의 사례는 중국 정부의 압박을 받은 작가들의 자기 검열이 얼마나 심화되었는지를 보여줍니다. 홍콩 언론은 소유 구조 때문에 더 취약합니다. 홍콩 미디어 대부분은 민간 기업이 소유한 만큼 상업적 논리로 운영됩니다. 문제는 언론사 소유주의 절반이 중국 본토와 정치적으로, 사업적으로 밀접한 관계를 맺고 있다는 사실입니다. 그러다 보니 베이징의 압력에 취약할 수밖에 없지요. 어쩌면 중국 정부는 이들 편집진에게 무엇을 다루고, 또 무엇을 다뤄서는 안 되는지 배후에서 명령을 내리고 있을지도 모릅니다.

이른바 샤프 파워(sharp power, 군사력·경제력 같은 하드 파워나 문화적 힘인 소프트 파워와 달리 비밀리에 행사하는 영향력) 측면에서 갈수록 커지는 중국의 힘은 서구권 국가들 사이에서 점점 더 큰 우려를 낳고 있습니다. 홍콩 언론사를 중국 정부와 그 수하 세력이 인수 합병하는 사례가 많아지면서 이에 대한 우려 또한 커지고 있죠. 이렇게 인수 합병을 통해 새롭게 취임한 언론사 간부들은 회사 운영과 자원 배분 및 인사를 통해 인력 배치나 보도 내용, 콘텐츠의 우선순위 등에 영향을 미치려고 할 것입니다. 이에 언론인들은 언론 부문이 점점 더 '붉은색'을 띠게 될 것을 우려하는데, 예상하시는 바와 같이 이는 공산주의 중국의 영향력이 커지는 것을 의미합니다.

그래도 독립 미디어의 분투는 계속된다

중국 정부의 영향으로 인해 본토에 비우호적이라고 간주되는 독립 언론이 활동할 공간 역시 갈수록 줄어들고 있습니다. 중국어로 발간되는 〈애플 데일리〉와 〈넥스트 매거진〉이 대표적인 예입니다. 사업가 지미 라이(黎智英)가 운영하는 홍콩 넥스트디지털사 소유인 이들 언론사는 지난 몇 년간 홍콩과 중국 본토 대기업들의 광고 보이콧에 직면해 있습니다. 그런가 하면 제가 공동 창업자로 있는 〈시티즌 뉴스〉를 포함해 몇몇 온라인 독립 매체 또한 중앙정부에 우호적인 기업들의 광고 금지 대상이라는 소문이 돌고 있죠.

〈시티즌 뉴스〉는 2017년 베테랑 언론인들이 설립했습니다. 저를 포함해, 미디어가 설 수 있는 공간이 줄어들고 사회 전체의 자유가 축소되는 데 심각한 위기감을 느낀 언론인들이 창간을 추진했습니다. 〈시티즌 뉴스〉는 일반 대중의 기부와 구독료를 통해 운영되고 있어요. 다른 독립 언론들처럼 재정적 압박과 어려움을 겪고 있죠. 한국과 일본 등 다른 나라들에서도 독립 언론이 위기를 겪고 있다고 들었는데, 저희도 크게 다르지 않습니다. 무엇보다 주된 어려움은 지속 가능한 수입원을 찾는 일입니다. 홍콩 독자들은 아직까지 콘텐츠에 돈을 지불한다는 개념에 익숙하지 않습니다. 어찌 보면 전반적인 상황은 암울하죠. 그럼에도 불구하고 희망의 징후가 있다면, 그건 홍콩 시민들이 정치권력이나 경제 권력의 견제와 균형을 위해 독립 언론이 중요하다는 사실을 깨닫고 있다는 점입니다. 시민들은 자유롭고 부정부패 없는 깨끗한 홍콩, 법치와 진실이 살아 있는 홍콩을 지켜 나가기를 원합니다. 우리는 독립한 자유로운 언론은 중국 본토에도 긍정적인 영향을 미칠 것이라고 믿습니다. 홍콩의 언론인들이 강한 바람에 맞서서 취재를 계속하는 힘과 영감의 원천도 거기에 있습니다. '바람에 맞서다'

는 올해로 창립 50주년을 맞은 홍콩기자협회의 슬로건이기도 합니다.

마지막으로 조지 오웰의 『1984』를 인용하며 이야기를 끝맺으려 합니다. "진실과 거짓이 있을 때, 세상 모두가 거짓을 말하더라도 당신이 진실을 고수했다면 당신은 미친 사람이 아니다." 언론인들은 진실의 중요성을 누구보다 잘 알고 있습니다. 그럼에도 불구하고 부분적인 진실과 거짓 들 사이에서 찾아내고 말하는 일은 갈수록 어려워지고 있어요. 누군가는 요즘 같은 세상에 언론인이 되는 것은 미친 짓이라고도 말합니다. 우리 모두 계속해서 미친 사람으로 남아 두려움 없이 진실을 밝히고 진실을 말합시다. 감사합니다.

3장.

『관저의 100시간』을 통해 본 언론의 권력 감시

기무라 히데아키

사회. 『관저의 100시간-후쿠시마 원전 사고, 재난에 대처하는 컨트롤 타워의 실상을 파헤친다』(후마니타스 펴냄, 2015)이라는 책, 다들 들어보셨을 텐데요. 국내에서도 꽤 화제가 된 책입니다. 2011년 후쿠시마 원전 폭발 사태 때 일본의 재난 컨트롤 타워가 어떻게 움직였는지에 대해 파헤친 저작인데, 그 저자를 모셨습니다. 책을 쓸 당시는 〈아사히신문〉 기자였지만, 현재는 일본 저널리즘 NGO인 〈와세다 크로니클〉에서 취재와 보도를 담당하고 있습니다. 기무라 히데아키(木村英昭) 기자입니다.

정치에 관련한 이야기보다는 〈와세다 크로니클〉이라는 단체가 저널리즘 무브먼트(journalism movement)를 일으킨 계기에 대해 말씀드릴 텐데, 그에 앞서 한국의 저널리스트들이 우리에게 많은 영향을 주고 있다는 이야기를 먼저 드리고 싶습니다. 한국 저널리스트들이 거둔 성과에 용기를 얻어 일본 최초의 비영리조직 독립 언론사로서 탐사보도에 특화한 〈와세다 크로니클〉을 만들게 되었습니다. 이런 배경이 있기에 한국에서 이런 자리에 선 것에 대해 대단히 감회가 새롭습니다.

오늘 제가 주최 측으로 부탁받은 주제는 '편집 독립권을 어떻게 지킬 것인가'입니다. 〈와세다 크로니클〉이 어떤 과정에서 탄생하게 되었는지를 말씀드리는 것이 일본에서의 편집권 독립을 생각해 보는 하나의 소재가 되리라 생각합니다. 그런 만큼 〈와세다 크로니클〉이 탄생하게 된 역사적인 경위와 사회적 배경을 말씀드리고, 나아가 앞으로 어떻게 편집권을 지킬 것인가에 대해 말씀드리겠습니다.

화면에 '〈와세다 크로니클〉은 사회적 실험이다'라고 쓰여 있는데요. 저는 〈와세다 크로니클〉을 일본의 사회적 실험이라고 인식하고 있습니다. 지금까지 일본에서 독립적이고 비영리적이고 탐사보도를 특화한 미디어 조직은 존재하지 않았습니다. 그렇기 때문에 우리가 〈와세다 크로니클〉이라는 독립 미디어 조직을 성공시킬 수 있을 것인지 여부가 일본 사회에 탐사 저널리즘이 받아들여질 소지가 있을지, 그리고 그것이 사회적인 공감을 일으킬 수 있을지 검토하는 계기가 될 것이라고 생각합니다. 그런 의미에서 새로운 사회적 실험이라고 한 것입니다.

본격적인 이야기를 시작하기 전에 제가 어떤 사람인지 소개부터 하겠습니다. 저는 기무라 히데아키입니다. 〈와세다 크로니클〉은 저를 포함해 전직 〈아사히신문〉 기자들이 중심이 돼 설립했습니다. 이는 오늘 발표 주제와도 관련이 있는데요, 일본 기성 미디어에 대한 대항 인식, 즉 안타고니즘(antagonism)이 〈와세다 크로니클〉을 시작하게 만들었다고 생각하시면 될 것 같습니다.

이제 본격적인 주제로 넘어가 보겠습니다. 먼저 영상을 하나 보겠습니다. 일본어로 '샤쿠토리무시'라고 하는 자벌레에 관한 영상입니다. (영상 속의 황갈색 나뭇가지에 유사한 색깔을 띠며 나무에 붙어 잔가지처럼 보이던 자벌레가 건드리자 꿈틀거리는 모습을 보며) 제가 오늘 '의태'(擬態)라는 말을 자주 사용하게 될 텐데요. 의태에는 '은폐적 의태'와 '표지적 의태'가 있습니다. ('의태'란 어떤 생물이 다른 생물이나 무생물 등과 모양·색채·행동을 비슷하게 꾸밈으로써 제3자를 속이는 현상을 일컫는다. 이 중에서도 자신을 상대방에게 보이지 않게 하는 것을 은폐적 의태, 자신을 드러내는 것을 표지적 의태라 한다.) 요약하면 저는 일본의 사회적 공간 내지는 저널리즘 공간에서 일본 언론이 의태 기능을 작동시키고 있는 것은 아닌가라는 문제제기를 하고 싶습니다. 이것에 대해서는 나중에 좀 더 자세히 설명하겠습니다.

사직서를 낸 기자들이 다시 모이다

그에 앞서 〈와세다 크로니클〉이 어떤 역사를 갖고, 어떤 발걸음을 걸어왔는지 설명하겠습니다. 〈와세다 크로니클〉의 '와세다'는 와세다대학에서 유래했습니다. 와세다대학을 베이스캠프 삼아 '와세다 탐사저널리즘 프로젝트'를 시도한 것이 계기가 됐죠. 2017년 2월, 〈아사히신문〉을 그만둔 기자들이 모여 〈와세다 크로니클〉을 창간하면서 첫 기사를 실었습니다. 그렇다면 왜 와세다대학인지, 왜 대학이라는 장을 활용했는지 궁금하실 텐데요. 어떤 의미에서 보자면 이는 역사적 필연이었던 것 같습니다. 일본의 기성 매스미디어는 이런 탐사 저널리즘 기능을 발휘할 수 없으니까요. 그러다 보니 대학이라는 장을 활용해 새로운 저널리즘 운동을 만들어야겠다고 생각했습니다. 기성 언론 조직에 몸담았던 기자들이 이런 생각을 갖고 언론사를 퇴사해 와세다대학에 모였던 것이고요.

2018년 〈와세다 크로니클〉은 국제적인 글로벌탐사저널리즘네트워크(Global Investigative Journalism Network, GIJN)에 가입하게 됐습니다. 덕분에 2018년 10월 한국의 〈뉴스타파〉가 공동 개최한 제3회 국제탐사저널리즘 아시아총회에도 참석한 바 있죠. 2018년 2월 〈와세다 크로니클〉은 대학을 떠나 비영리기구(NGO)로서 독립하게 됐습니다. 그야말로 알에서 막 부화해 태어난 미디어라고 생각하시면 됩니다. 저와 편집장, 이렇게 두 명이 풀타임으로 일하고 있고요. 파트타임으로 10명이 미디어 활동에 참여하고 있습니다. 파트타임으로 일하는 사람들은 〈아사히신문〉 등 기성 언론 기자들입니다. 이들은 회사에 신고하지 않고 비밀리에 합류해 마치 닌자처럼 활동을 하고 있습니다.

그리고 학부생 8명도 참여하고 있습니다. 저희는 이들에게 탐사 저널리즘을 가르치는 교육 활동을 하고 있는데요. 다음 세대에 탐사 저널리즘을 전수하는 역할을 한다고도 할 수 있습니다. 참고로 한국인도 한 명 있습니다. 오늘 오신 분들을 보니 젊은 사람들도 많은데, 언제든 〈와세다 크로니클〉을 찾아주세요.

(글로벌탐사저널리즘네트워크에 가입한 언론사들이 표시돼 있는 세계지도를 가리키며) 독립적인 비영리 언론을 추구하는 미디어 운동은 지금 전 세계적으로 확산되고 있습니다. (글로벌탐사저널리즘네트워크에는 2018년 10월 현재 72개국 163개 언론사가 가입돼 있다.) 리먼브라더스 사태 이후 이런 움직임이 더 가속화됐죠. 아시아에서도 마찬가지입니다. 한국의 〈뉴스타파〉, 일본의 〈와세다 크로니클〉 외에 타이완의 〈보도자〉(保導者)도 글로벌탐사저널리즘네트워크에 참여하고 있습니다.

'판매된 기사'와 '강제 불임'

〈와세다 크로니클〉이 창간 이후 맨 처음 게재한 탐사보도는 광고회사 덴츠와 〈교도통신〉 간의 부적절한 거래를 폭로하는 내용 ('판매된 기사' 시리즈)이었습니다. 〈교도통신〉이 작성한 기사에 대해 덴츠가 돈을 주었다는 건데, 이는 다시 말해 〈교도통신〉이 돈을 받고 기사를 썼다는 얘기였죠. 저희는 덴츠의 내부 자료를 입수해 이런 내용을 폭로했습니다. 이 기사는 영상으로도 만들어졌으니 잠깐 함께 보시죠. 〈와세다 크로니클〉은 웹 기반 언론사인 만큼 영상도 함께 만듭니다.

(〈와세다 크로니클〉 기자가 덴츠 관계자, 〈교도통신〉 전직 기자·내부 관계자·편집국장 등을 인터뷰하는 영상을 차례로 보여 주며) 당시 우리가 만난 〈교도통신〉 전직 기자는 많은 이야기를 해주었습니다. '〈교도통신〉이 전송한 기사가 타 매체에 게재되면 덴츠에서 일정한 금액이 들어온다'는 내용이었죠. 또한 덴츠 관계자는 '우리가 원하는 기사가 나오면 기사 한 건당 150만 엔(약 1,500만 원) 정도를 성공보수로 지급한다'고 확인해 주었습니다. 정말 흥미로웠던 사실은 이들 중 누구도 나쁜 짓을 했다는 생각이 전혀 없었다는 겁니다. 내 직무에 충실하게 열심히 일을 했다, 그 결과 이런 일이 생겼다는 정도였죠. 너무 무서운 얘기 아닌가요? 오늘은 짧게 영상을 보여드리고, 〈와세다 크로니클〉 홈페이지(www.wasedachronicle.org)에 전체 영상이 올라와 있으니 흥미 있는 분들이 찾아보시기 바랍니다.

〈와세다 크로니클〉은 강제 불임 시술 문제도 다뤘습니다. 제2차 세계대전 이후 1만 6천여 명이 국가가 주도한 캠페인에 동원되어, 강제적으로 아이를 낳을 수 없는 몸이 되었다는 사실을 탐사보도를 통해 폭로했습니다. (〈와세다 크로니클〉은 우생보호법을 근거로 행정기관 등에서 정신병 환자나 장애인들을 강제로 불임 시술을 시킨 행위에 대해 26회에 걸쳐 보도했다. 일본의 우생보호법은 '부실한' 자손의 출생을 방지하고 모성의 건강을 보호하기 위해 1948년 제정되었다. 1996년 모체보호법으로 명칭이 바뀌면서 강제 불임 시술 관련 조항이 폐지되었다.) 저는 이와 관련된 공문서들을 정보공개 청구를 통해 얻어낼 수 있었습니다. 법률로 보장된 정보공개 청구는 저 같은 탐사보도 기자들의 주요 수단이기도 하죠.

사실 〈와세다 크로니클〉은 태어난 지 얼마 안 된 아기가 아장아장 걷는 단계에 있다고 할 수 있는데요. 그럼에도 불구하고 그 사이 이러한 보도를 통해 두 개의 상을 받았습니다. 일본외국특파원협회가 주최하는 2017 프리프레스 어워드에서 '언론의 자유 추진상'을 받은 것이 그 하나고요. 다른 하나는 비영리 빈곤퇴치네트워크가 수여하는 '2018 빈곤 저널리즘 대상'을 받은 것입니다.

일본 언론에 경종을 울린 2016년

이쯤에서 공통점을 깨달으셨을 텐데요. 이들 보도에는 둘 다 기성 미디어가 등장합니다. '판매된 기사' 시리즈에 〈교도통신〉이 연관돼 있다는 건 말씀드렸고요. '강제 불임' 시리즈에는 〈가호쿠신보〉(河北新報) 등이 연루돼 있습니다. 〈가호쿠신보〉 간부가 강제 불임 시술 캠페인을 적극 보도하는 데 가담했던 겁니다. NHK 또한 이 캠페인에 관여하고 있었고요. (〈와세다 크로니클〉은 국가가 주도한 우생보호법을 보급하기 위해 당시 언론들이 이를 홍보하고 권유하는 기사를 쓰는 데 앞장섰다고 폭로했다.) 의도했던 건 아닌데 파헤칠수록 일본 언론사와의 관련성이 어떻게든 나왔습니다.

정말 신기할 정도였습니다.

도대체 왜 이런 일이 벌어졌을까요? 잠시 일본 언론 상황에 대해 짚어 보겠습니다. 이는 저희가 왜〈와세다 크로니클〉을 비영리기구 형태로 만들 수밖에 없었는지에 대한 설명도 될 수 있을 것 같습니다. 국경없는기자회가 발표한 세계언론자유지수를 보면, 2016년은 일본 언론에게 터닝포인트가 된 해라고 할 수 있습니다. (일본의 언론자유지수는 2010년 11위 이래로, 2012년 22회, 2014년 59위, 2016년 72위로 점차 큰 폭으로 하락했다.) 이는 일본의 저널리즘 상황을 바깥에서 '이상하다' '비정상적이다'라고 여기는 계기가 되었습니다. 당시까지만 해도 일본은 외국 언론으로부터 감시를 받는 대상국이 아니었죠. 그런데 2016년 유엔인권이사회가 임명한 데이비드 케이(David Kaye) 유엔특별보고관(표현의 자유 담당, 미국 캘리포니아주립대 어바인 캠퍼스 교수)이 일본의 언론 독립성에 대해 경종을 울립니다. 그 뒤 미국의 언론인보호위원회(CPJ), 일본 와세다대학 저널리즘 연구소,〈와세다 크로니클〉이 공동으로 미디어의 역할에 대해 고민하는 심포지엄을 개최하기도 했습니다.

일본 언론이 비정상적이라는 외부의 시선에 대해 일본 언론인 대부분은 어떤 대처도 하지 않았습니다. 우리와는 관계가 없다는 식이었어요. 다시 말해 당사자 의식이 없었다는 얘깁니다. 저널리즘을 짊어진 역군으로서 당사자 의식이 없다는 사실, 이것이 얼마나 천박한 것인지 분명하게 드러난 것 또한 2016년이었습니다.

〈아사히신문〉의 '기사 취소' 파문

2014년 8월에는〈아사히신문〉이 그간의 종군위안부 보도로 인해 거센 비난에 직면하게 된 사건이 있었습니다. (〈아사히신문〉은

2014년 8월, 제주도에서 수많은 여성을 강제로 연행해 위안부로 삼았다는 요시다 세이지(吉田淸治)의 주장을 토대로 작성한 자사의 과거 기사들이 오보임을 인정하고, 기사를 취소했다.〈아사히신문〉경영진들은 20년간 '위안부는 강제 동원되었다'고 보도해 왔지만, '확실한 사실이 아닌 것을 확실한 것처럼 보도하여 국민들을 오도하게 한 것에 대해 사과한다'라고 밝혔다. 이를 두고 일본의 대다수 미디어들은 일제히 '〈아사히신문〉이 세기의 오보를 인정했다'고 보도했다.)

그리고 2014년 9월에는 후쿠시마 원전 사고와 관련해 일명 '요시다 조서'를 인용 보도한 자사 특종에 대해〈아사히신문〉이 사과하는 사건도 있었습니다. (〈아사히신문〉은 2014년 9월 11일 기자회견을 열고 2011년 후쿠시마 제1원전 사고 당시 현장 책임자였던 요시다 마사오(吉田昌郞)에 대한 청취조사 결과, 일명 '요시다 조서'를 소개한 자사 기사에 대해 '틀린 기사라고 판단했다'며 기사를 취소하겠다는 뜻을 밝혔다.〈아사히신문〉은 2011년 5월 20일자 기사에서 자체 입수했다는 '요시다 조서' 내용을 인용하며 후쿠시마 제1원전 근무자의 90퍼센트에 해당하는 약 650명이 사고 당시 요시다 소장의 명령을 어기고 10킬로미터 떨어진 제2원전으로 도망갔다고 보도했다. 하지만 일본 정부는 '요시다 조서' 원문을 전면 공개하며 당시 상황이〈아사히신문〉보도와 상충한다고 주장했다. 이에 기무라 다다카즈(木村伊量)〈아사히신문〉사장은 '독자와 도쿄전력에 사과한다. 기자의 결의와 검증이 부족했다'고 사과했다.)

후자의 경우 팩트로 돌아가 보면, 후쿠시마 원전 사고 당시 원전 근무자들은 요시다 소장의 명령을 듣지 않고 현장에서 발을 빼고 있었습니다. 그런데 이런 실태를 보도하는 특종을 하고도 사과를 한 것입니다. 다시 말해 자사 기자들의 명예를 훼손한 겁니다.〈아사히신문〉은 그 전에도 이런 방식으로 보수 세력의 비판 공세에 처한 사례가 있습니다. 언론사라면 일반적으로 이런 사태에 맞서 싸우죠. (〈아사히신문〉 경영진이 허리를 굽혀 사과하는 사진을 보여 주며) 그런데 〈아사히신문〉은 이렇게 전면 항복하는 쪽을 택했습니다. 저는 '요시다 조서' 기사를 작성한 당사자이기도 한데요. 그 기사는 잘못된 기사가 전혀 아닙니다. 그래서 저는 지금 〈아사히신문〉을 명예훼손죄로 고발하고, 재판에서 싸우고 있습니다. 아울러 〈와세다 크로니클〉에서는 〈아사히신문〉이 왜 기사를 묵살했는지, 팩트를 제시하며 폭로해 나갈 예정입니다.

이 사건은 일본판 9·11이라 할 만한 사건이었습니다. 여객기 테러로 미국이 파괴됐듯이 일본 내 저널리즘의 자유가 파괴된 사건이니까요. 현재 〈와세다 크로니클〉 편집장을 맡은 와타나베 마코토(渡辺周) 기자나 저는 이런 상황이라면 기성 매체에서의 탐사보도가 불가능하다고 판단했습니다. 지금까지 언론이 갖고 있던 권력 감시 기능이 사라져 버렸다고 본 것이죠. 따라서 이를 회복시켜야 한다는 판단하에 〈와세다 크로니클〉이라는 새로운 미디어 조직을 만들게 되었는데, 그런 의미에서 〈와세다 크로니클〉의 탄생 배경에는 일본 기성 언론에 대한 안타고니즘 곧 대항적인 인식이 자리 잡고 있습니다.

〈와세다 크로니클〉을 설립한 것은 저널리즘 본연의 기능인 감시견(watchdog) 기능을 회복시키려는 차원에서였습니다. 저희가 내세우는 것은 세 가지로, 희생자 중심주의(victim centered), 언론인 주관성(journalists' subjectivity), 권력에 대항하는 안타고니즘입니다. 우리는 객관적인 입장 또는 공평한 입장을 취하지 않습니다. 권력으로 인해 인간으로서의 존엄을 빼앗기고, 죽음을 맞고, 상처를 받은 사람이 있는 경우 그 희생자의 입장에서 권력의 부당함을 폭로하겠다는 입장을 분명하게 밝히고 있습니다.

〈와세다 크로니클〉에 없는 세 가지

저와 와타나베 편집장은 〈아사히신문〉 기자였습니다. 일본 사회에서는 꽤 높은 자리였다고 할 수 있습니다. 그런 자리를 박차고 나와서 아무 것도 없이 무일푼으로 새 매체를 만들었는데요. 저희가 지금 하는 일들은 (경영진의) 편집권, 불편부당, 손타쿠(忖度, 윗사람의 뜻을 헤아려 알아서 행동하는 것을 말한다) 이 세 가지로부터 벗어나려는 활동이기도 합니다. '손타쿠'란 말은 아마도 한국어로 번역하기 어렵고, 달리 대체할 말이 없어 그대로 사용하고자 합니다. 양해를 구합니다.

먼저 편집권에 대해 말씀드리죠. 편집권은 일본에서 한국으로 흘러간 말입니다.『미디어의 사회적 책임과 어카운터빌리티』(정수영 지음, 패러다임북 펴냄, 2018)이라는 책을 보면 편집권이라는 용어가 쓰이게 된 역사가 잘 정리돼 있어요. (이 책에는 일본신문협회가 1948년 발표한 '신문편집권 확보에 대한 성명'이 나온다. 이 성명에 따르면 '편집 내용에 대한 최종적인 책임은 경영·편집 관리자에게 귀속되기 때문에 편집권을 행사하는 자는 경영 관리자 및 그 위임을 받은 편집 관리자에 한한다. 신문 기업이 법인 조직인 경우에는 이사회 등이 경영 관리자로서 편집권 행사의 주체가 된다'라고 되어 있다.) 이 책에서 보듯이 오늘날 편집권이라는 말은 '편집을 할 수 있는 권한'인 양 오해해 사용되고 있습니다. 한국도 일본도 마찬가지죠. 즉 편집을 최종적으로 할 수 있는 권한은 편집국이 아니라 경영진에 있다는 게 일본에서 말하는 편집권입니다. 이 말이 그대로 한국에 흘러든 것일 테고요. 일본신문협회의 성명은 경영이 편집국에 개입해도 된다는 선언으로 읽힙니다. 본래 편집권은 그런 게 아닌데, 이게 그대로 이어져 현재까지 사용되고 있는 것입니다.

두 번째는 불편부당입니다. 〈아사히신문〉 2018년 12월 1일자에 따르면, 이 날은 신문에 불편부당이라는 단어가 등장한 지 백 년째 된 날입니다. 일본 언론은 중립적인 가치 개념으로 불편부당이라는 단어를 사용하고는 합니다. 그런데 백 년 전 〈아사히신문〉은 왜 불편부당이라는 말을 썼을까요? 그리고 왜 지금도 그 말이 〈아사히신문〉에 남아 있을까요? 지금으로부터 백 년 전 〈아사히신문〉은 '하얀 무지개가 태양을 뚫는다'는 문장을 사용한 적이 있습니다. (白虹日を貫く, '하얀 무지개가 태양을 관통하여 걸린다'는 뜻으로 흰 무지개는 병사, 태양은 군주를 상징한다. 이를 해석하면 병사들이 난을 일으켜서 군주에게 위해를 가하는 전조로 볼 수 있다.) 그리고는 이 문장 때문에 권력층으로부터 거센 공격을 받게 됩니다. 자세한 내용은 생략하겠습니다만, 당시 〈아사히신문〉은 결국 전면적인 굴복을 택합니다. 그러면서 당신들의 불만을 살 만한 일을 다시는 하지 않겠다는 뜻으로 사용한 단어가 바로 불편부당입니다. 요약하면 어느 당에도 치우치지 않겠다고 하는 사죄의 말로 불편부당을 사용했던 것입니다. 일본 언론은 오늘날 이런 식으로 말을 비뚤어지게 사용하고 있습니다. 그런 만큼

불편부당을 탈피해 희생자 입장에서 보도하는 것이 오히려 올바른 태도라고 저는 생각합니다.

세 번째는 '손타쿠'인데요. 일본 언론은 회사 개념이 강합니다. 일본 기자들은 대학을 졸업한 뒤 대체로 한 곳의 신문사나 방송국에 근무하다 정년을 맞습니다. 노조도 회사별로 만듭니다. 그러다 보니 일본에는 언론인 노조 같은 것이 없습니다. 언론사들의 협회가 있을 뿐이죠. 저는 이것이 매우 좋지 않은 일이라고 생각합니다.

한국에는 '기레기', 일본에는 '마스코미'

기존의 보도 행태로부터 벗어나기 위해 〈와세다 크로니클〉이 탄생했지만 〈교도통신〉, 〈가호쿠신보〉, NHK 등은 저희의 취재에 응답하지 않고 있습니다. 약한 자에게는 취재에 응하라고 하면서, 정작 자신이 비난의 대상이 됐을 때는 응하지 않는 것입니다. 저는 이것이 바로 의태라고 생각합니다. 말하자면 일본 언론은 자벌레나 마찬가지입니다. 저는 일본 언론에 묻고 싶습니다. '당신들이 진정한 언론인가?' 여기서부터 출발하지 않으면 일본 언론을 평가하기란 정말 어렵습니다. 요즘 일본 언론은 야구, 미술, 주택 같은 이벤트를 남발합니다. 신문 수익이 떨어지고 있기 때문입니다. 언론사가 아닌 부동산 회사가 신문을 발행하고 있는 게 일본 언론경영의 실체입니다. 이를테면 〈아사히신문〉 본사는 국유지에 있습니다. 국유지를 싼값에 넘겨받아 거대한 건물을 지어 올렸죠.

〈와세다 크로니클〉이 미디어가 아니라 비영리 단체라고 스스로를 정의내린 것도 이 때문입니다. '기성언론으로부터 가치를 전환시켜야 한다'는 게 저희 생각이었습니다. 한국에 '기레기'라는 말이 있다면, 일본에는 '마스코미'(매스미디어의 '마스'와 쓰레기를 뜻하는 일본어 '고미'를 합성한 신조어)라는 말이 있습니다. 저희는 '마스코미'와 작별하고 싶습니다.

〈와세다 크로니클〉은 크라우드펀딩도 진행합니다. 결국에는 재정적으로 어떻게 독립할 수 있는지가 독립 매체의 존립에 굉장히 중요한 부분이니까요. 독립적인 비영리 매체가 존재감을 발휘하고 발언력을 갖기 위해서는 재정적인 뒷받침이 있어야만 합니다. 그간 〈와세다 크로니클〉이 두 차례 크라우드펀딩을 진행했는데, 처음에는 550만 엔(약 5,540만 원), 그 다음에는 90만 엔(약 907만 원) 정도가 모였습니다. 이 정도로는 취재비는 충당할 수 있어도 인건비를 감당할 수는 없습니다. 그래서 저는 지금도 무급입니다. 〈아사히신문〉을 나온 뒤 퇴직금으로 살고 있어요. 와타나베 편집장도 급여 없이 퇴직금으로 살고 있죠. 가족에게 눈총을 받아가면서요. 그래서 유료회원을 대폭 늘려야 합니다. 한 사람당 1천 엔 이상의 기부금을 모으고 싶습니다. 돈에는 국경이 없으니, 한국에 있는 독자 여러분께도 부탁드립니다. (웃음)

앞으로는 공유와 협력이 더 필요하다는 생각이 듭니다. 〈와세다 크로니클〉은 2018년 5월 한국의 〈뉴스타파〉, 인도네시아 언론인 〈템포〉(Tempo)와 함께 국제적인 협업 취재를 진행한 바 있습니다. (이들 언론은 한국·일본 기업이 인도네시아 현지 기업과 함께 인도네시아 자바 섬의 항구 도시 치르본에 석탄화력발전소를 설립해 큰 수익을 올리면서 공해저감 시설 등 환경 설비를 설치하지 않아 현지 주민들의 건강과 생계를 위협하는 실태를 공동 취재해 고발했다.) 비영리기구와의 연대 또한 상당히 중요할 것 같습니다. 최근에는 의사들이 만든 비영리기구와 함께 탐사보도를 진행한 적도 있는데, 결과가 매우 좋았습니다.

한국 독립 언론에게 얻은 용기

(2년 전 한국을 방문한 영상을 보여 주며) 이것은 저희가 한국의 〈시사IN〉과 〈뉴스타파〉 등을 방문하고 만든 영상입니다. 〈아사히신문〉을 그만두고 새로운 매체를 만들어야겠다고 생각했고, 이 과정에서 한국의 〈시사IN〉과 〈뉴스타파〉를 알게 돼 찾아갔던 건데요. 우리는 언론의 자유를 지키기 위해 노력해온 한국의 언론인들을 만나 큰 힘을 얻었습니다. 용기를 북돋워 주는 응원의 말씀도 많이 들었죠. 어쩌면 이분들이 등을 떠밀어 주셨기에 〈와세다크로니클〉을 해보자는 결의를 다질 수 있었던 것 같습니다.

언론을 방해하고 탄압하는 권력은 늘 있어 왔죠. 언제, 어디서든, 온갖 방법을 사용해서요. 가짜 뉴스도 지금에야 생긴 게 아니라 옛날부터 있었던 것입니다. 이런 상황에서 어떻게 하면 언론인들이 시민의 의견을 듣고 권력의 부정을 폭로해 나갈 것인가, 중요한 것은 바로 이 지점이라고 생각합니다. '누가 주도권을 쥐는가' 하는 주도권 싸움이 필요합니다. 지금 내가 몸을 둔 성이 포위돼 있을지라도 성 바깥쪽만 권력을 가진 것은 아닙니다. 성 안쪽에도 권력은 있을 겁니다. 그런 만큼 언론이라는 같은 공간에 있을지라도 성 안의 권력 분포를 잘 돌아봐야 할 것 같습니다. 기성 언론이 제 역할을 하지 못하고, 오히려 저널리즘 자체를 무너뜨리는 자벌레 같은 기능을 하고 있다면, 우리는 내부의 자벌레와도 싸워야 할 것입니다.

저널리즘은 '이즘'(ism)입니다. 가치 운동이자 사상입니다. 저널(journal)이라는 이즘(ism)을 담당하는 것이 저널리스트입니다. 그런 만큼 언론인이라면 저널리즘이라는 이즘을 꿋꿋이 감당해 나가야 한다고 생각합니다.

4장.

나는 왜 살인범에게
돈을 빌렸나

박상규

사회. 이번에 모실 분은 최근 언론에 가장 많이 등장한 기자 중 한 명일 것 같습니다. 진실탐사그룹〈셜록〉이라는 매체를 전국에 알린 박상규 대표기자를 모시려 하는데요. 강연에 앞서 영상 두 편을 먼저 보여드리겠습니다. (양진호 한국미래기술 회장이 직원을 무자비하게 폭행하고 무릎 꿇리는 1분짜리 영상에 이어 회사 워크숍에서 직원들에게 닭을 살생하라고 강요하는 1분 10초짜리 영상 상영. 진실탐사그룹〈셜록〉로고로 마무리.) 아마 이 영상들을 보지 않은 분이 없으실 듯한데요. 이 영상들을 보도하고, 양진호 회장의 갑질을 폭로하는 한편 이와 연루된 디지털 포르노 카르텔까지 폭로한 진실탐사그룹〈셜록〉박상규 대표기자를 소개합니다.

지금 화면에 저와 양진호 회장이 나오는데요. 저희가 좀 많이 닮았습니다. 둘이 닮았다는 사실은 양진호 씨 가족도 인정합니다. 제가 재심사건을 보도한 2015년부터 양진호 씨 가족이 저를 알고 있었다고 하더라고요. 그때부터 '아, 저 사람 내 남편을 닮았구나' '우리 아버지를 닮았구나' 했는데, 그 사람이 자기 가족을 공격해 큰 충격을 받았다고 합니다. 어쨌거나 제가 닮았거나 저를 닮은 양진호 회장을 잡은 박상규라고 합니다.

저는 2014년까지〈오마이뉴스〉에서 근무했고, 그 뒤로 지금까지 4년 동안 재심사건 3건과 양진호 사건을 보도했습니다. 오늘 발표는 그 이야기들을 중심으로 말씀드리려고 합니다. 우선은

제 기자 인생에서 최고의 선택이었던 세 가지에 대해서입니다. 첫 번째는 바로 사직서였습니다. 그간 언론 인터뷰에서 몇 차례 얘기했지만, 저는 제 인생에서 가장 잘한 선택이 〈오마이뉴스〉를 그만둔 것이라고 생각합니다. 〈오마이뉴스〉에 아쉬운 점이 있거나, 그 매체를 비난하려는 게 아닙니다. 저는 다만 기자로서 눈에 보이지 않는 걸 쓰고 싶었을 뿐입니다. 눈에 보이는 걸 보도하고 쓰는 것은 기자가 아니라도 누구나 할 수 있는 일입니다.

인생 최고의 선택 세 가지

기자는 눈에 보이지 않는 걸 보는 사람입니다. 눈에 보이지 않는 걸 보려면 많은 시간이 필요하고 많은 비용이 필요합니다. 그런데 한국 매체 중에서 이렇게 많은 시간과 비용을 지불할 수 있는 곳이 몇 군데나 될까요? 이에 대해서 저는 굉장히 회의적입니다. 저는 눈에 보이지 않는 것을 보고 싶어 〈오마이뉴스〉를 그만뒀고,

지금도 그것이 내 인생에서 가장 잘한 선택이라고 생각합니다. 제가 〈오마이뉴스〉를 십 년간 다니면서 많이 배우고 도움 받은 것은 사실입니다. 그렇지만 직업 기자로서의 삶은 2014년까지 한 걸로 충분하다고 생각했습니다. 회사에서 많이 배웠으니 밖으로 나가 자유롭게 탐사보도를 하고 싶었습니다.

십 년간 회사 월급을 받으며 살았는데 그걸 포기한다는 건 큰 공포였습니다. 제가 회사를 그만둔 게 2014년 12월 31일이었는데요. 그 전 두 달간 매일 밤 악몽을 꿨습니다. 새벽에 깨어나면 많은 걱정으로 다시 잠들지 못했습니다. 그럼에도 저는 스스로 회사를 떠났습니다. 가슴속으로 믿음 하나를 부여잡았습니다. 요즘은 소속한 매체가 없어도 글을 쓸 수 있습니다. 페이스북도 있고 블로그도 있습니다. '어디에든 내가 좋은 글을 쓰면 시민들은 나를 외면하지 않을 것이다' '나를 굶기지 않을 것이다'라는 믿음이 있었습니다. 그 믿음 하나로 사직서를 냈습니다.

사직서를 내자 〈오마이뉴스〉 오연호 사장이 제게 파격적인 제안을 했습니다. '그래, 그만둬라. 대신 계속 월급 줄게'라고요. (과장된 톤으로 어깨를 으쓱하며) '아니, 그만두는데 월급을 주겠다니. 그동안 내가 얼마나 일을 잘했으면, 얼마나 기사를 잘 썼으면 저럴까' 싶었죠. (웃음) 매우 달콤한 제안이었습니다. 퇴사를 해도 월급을 주고 사대보험도 유지해 주겠다는 거였으니까요. 저는 바로 꼬리를 내렸습니다. '알겠습니다. 제가 한번 생각해 보겠습니다'라고 말씀드리고 집에서 일주일 동안 고민을 했습니다. 행복한 고민이었죠.

오연호 사장을 다시 만났습니다. 그리고는 말씀드렸죠. 월급을 받지 않겠다고요. 그랬더니 '넌 그럴 줄 알았다'고 말하더라고요. 그러면서 또 다른 제안을 했습니다. '살다가 힘들면 다시 와. 받아 줄게'라고요. 고마웠지만 그때 제가 단호하게 말씀드렸습니다. '저는 〈오마이뉴스〉로 재취업하지 않는 게 꿈입니다'라고요.

〈오마이뉴스〉가 싫어서가 아니었습니다. 돌아갈 곳이 건재하면 제가 한 발짝 앞으로 전진할 수 없을 것 같았습니다. 저는 여지를 남기고 싶지 않았습니다. 오연호 사장한테 단호하게 제 의지를 말씀드리고 회사 밖으로 나왔습니다.

고사리 꺾어 취재비 벌던 시절

퇴사한 뒤 지리산 아래 구례에 방을 구했습니다. 보증금 없이 1년에 3백만 원을 내면 살 수 있는 방이었어요. (멀리 지리산 능선이 보이는 야산 중턱에서 허리를 굽힌 사람이 뭔가를 하고 있는 사진을 보여 주며) 이게 당시 제 사진입니다. 고사리를 캐고 있습니다. 고사리를 우습게 보시면 안 됩니다. 고사리 1킬로그램을 꺾어 내다 팔면 1만 원을 받습니다. 하루에 고사리 10킬로그램을 꺾어 팔면 일당 10만 원을 벌 수 있습니다. 며칠 죽도록 일하면 한 달치 취재비를 벌 수 있는 셈이죠. 당시 저는 고사리를 꺾어 탐사보도를 하겠다는 생각이 있었습니다. (웃음)

고사리를 팔아 번 돈으로 저는 박준영 변호사와 함께 '재심 시리즈 3부작'을 진행했습니다. 재심, 말 그대로 확정 판결을 받은 사건을 다시 심판한다는 뜻입니다. (무기수 김신혜 씨 사진을 화면에 보여 주며) 이분, 아시는 분도 많이 계실 거예요. 보험금을 노리고 아버지를 살해했다는 혐의로 청주여자교도소에서 18년째 복역 중인 김신혜 씨입니다. 존속살해니 무서운 혐의입니다.

저는 이 여성이 아버지를 죽였다고 생각하지 않습니다. 박준영 변호사와 함께 김신혜 씨 사건을 다시 조명하는 '그녀는 정말 아버지를 죽였나'라는 기획을 〈다음〉 스토리펀딩에서 진행했습니다. 그 기획은 김신혜 씨가 재심을 얻어 내는 데 일조했습니다. 최근 법원은 김신혜 씨의 재심 청구를 받아들였습니다. 현역 무기수에 대한 재심은 세계적으로도 희귀한 사례입니다. 한국 사법 역사에서는 최초고요. 제가 이런 얘기를 하니까 사람이 갑자기 달라 보이지 않습니까? (웃음)

(법원 앞에 선 두 남자 사진을 보여 주며) 오른쪽에 계신 분은 익산 약촌오거리 택시기사 살인사건으로 살인 누명을 쓴 당사자입니다. 사건 발생 당시 열다섯 살이었던 소년이 스물다섯 살이 되어서야 세상에 나왔습니다. 왼쪽에 함께 서 있는 분은 이 소년이 살인 누명을 쓰고 3년째 수감 생활을 할 때 진범을 잡았던 형사입니다. 사건이 일어나고 3년 만에 진범이 잡혔는데, 검찰이 그 범인을 풀어 줬어요. 최근 검찰 과거사위원회에서 밝힌 사건의 진상을 보면, 당시 수사 검사는 최선을 다해 진실을 밝히고 싶어 했던 것으로 보입니다. 그런데 상층부에서 살인범을 풀어 주라고 했던 거죠. 우리나라 검찰이 하는 짓이 이렇습니다. 저와 박준영 변호사가 이 사건을 다룬 심층기획 '그들은 왜 살인범을 풀어 줬나'를 보도한 이후 재심이 확정됐고, 살인 누명을 쓴 분은 16년 만에 누명을 벗었습니다. 진짜 살인범은 재심 판결 직후 체포돼 현재 수감 중입니다.

(세 남자가 함께 있는 사진을 보여 주며) 이 세 분은 저에게 많은 영향을 줬습니다. 이른바 '삼례 나라슈퍼 3인조 강도치사사건'으로 누명을 썼던 3인조입니다. 이 중 한 사람은 지적장애가 없고, 두 사람은 지적장애가 있습니다. 한글로 자기 이름도 못 썼습니다. 그런데 지금은 쓸 줄 압니다. 어떻게 쓰게 됐을까요. 감옥에서 한글을 배운 덕분입니다. 감옥에서 동료들이 '이리 와' 하면서 옆에 앉혀 놓고 한글을 가르쳐 주었다고 합니다. 공교육 체계에서도 못 배운 한글을 감옥에서 배운 셈입니다. 덕분에 지금은 한글을 어느 정도 읽고 쓸 수 있습니다.

살인 누명을 쓴 사람들의 공통점

다시 재심 사건 세 건의 주인공들을 보시죠. 무기수 김신혜 씨, 사망한 아버지는 뇌성마비 장애인으로 한쪽 다리가 불편했습니다. 익산 택시기사 살인사건으로 누명을 썼던 열다섯 살 소년, 아버지는 일찍 돌아가셨고 엄마는 친모가 아닙니다. 삼례 사건의 세 명, 두 명은 지적장애인이었고 장애가 없는 한 명의 어머니는 아들이 누명을 쓴 뒤 조현병을 앓았습니다.

이제 공통점이 보이시나요? 가난하고, 저학력이고, 본인 아니면 부모가 장애인이라는 사실 말입니다. 이게 바로 제가 진행한 '재심 시리즈 3부작' 주인공들의 공통점이었습니다. 이런 분들이 살인 누명을 쓴 겁니다.

더 놀라운 공통점이 있습니다. 2018년 말 영화 〈보헤미안 랩소디〉가 인기를 끌면서 어디를 가나 〈보헤미안 랩소디〉 노래가 들리는데요. 노래 가사가 참 슬픕니다. '엄마, 제가 사람을 죽였어요. 내 인생은 이제야 시작됐는데, 저는 어떡해야 해요. 엄마, 제가 내일 집에 돌아오지 않더라도 엄마는 그냥 살아가세요. 저는 죽고 싶지 않아요. 엄마, 저는 차라리 태어나지 말 걸 그랬나 봐요.' 프레디 머큐리가 노래했던 가사 속의 주인공은 엄마가 있습니다. 제가 사진으로 보여드린 재심 사건 주인공들의 또 다른 특징은 바로 '엄마'가 없다는 것입니다. 엄마, 넓은 의미에서 자기를 위해 마지막까지 싸워줄 부모와 같은 사람이 없다는 게 어떤 의미인지 설명 드리겠습니다.

형사사건에서 내가 피의자로 몰렸을 때, 나를 수사하는 형사의 목적은 나로부터 진실 된 자백을 이끌어 내는 것입니다. 제가 자백을 하면, 다음으로 어떤 노력을 해야 할까요. 합의에 나서야 합니다. 합의를 해야만 형량이 낮아지니까요. 그렇다면 합의 위에는 뭐가 있을까요? 합의 위에 있는 존재가 바로 엄마입니다.

보통 엄마가 나서야 합의가 잘 진행됩니다.

영화 〈마더〉에 이런 장면이 나옵니다. 이 영화에서는 주인공인 김혜자 씨의 아들이 실제 살인을 저지른 범인이었죠. 그런데 김혜자 씨의 처절한 노력 끝에 진범인 아들은 풀려나고 또 다른 누군가가 범인으로 지목돼 감옥에 갑니다. 그러자 김혜자 씨가 면회를 갑니다. '뭐 하러 그런 델 가느냐'며 형사가 만류를 하는데도요. 자기 아들이 범인인 걸 아니까, 누가 내 아들 대신 잡혀갔을까 궁금했겠죠. 면회를 가서 보니 상대는 자기 아들과 같은 지적장애인입니다. 그 아이를 물끄러미 바라보다 김혜자 씨가 딱 한 마디를 하죠. '너는 엄마 없니?'

저는 이 대사가 굉장히 많은 취재 끝에 얻어졌을 거라 생각합니다. 한국 교도소에 갇혀 있는 수감자의 상당수는 엄마가 없습니다. 엄마가 있었다면 어쩌면 그분들은 교도소에 수감되지 않았을지도 모른다는 얘깁니다. 이것은 많은 법조인들도 하는 말입니다. '저 정도면 수월하게 합의를 끌어낼 수 있을 텐데, 불쌍하게도 저 사람은 엄마가 없다'고요.

듣고도 믿기지 않던 이야기

(삼례 나라슈퍼 사건에 연루된 세 사람 사진 중 가운데 인물을 지목하며) 이분은 강인구 씨입니다. 제가 탐사보도를 하며 만난 인물 중 가장 매력적이고, 가장 애정이 가고, 저로 하여금 많은 생각이 들게 한 사람입니다. 삼례 나라슈퍼 3인조 강도치사사건으로 현장에 있던 할머니가 사망한 1999년 2월, 그때 강인구 씨는 18세 미성년 지적장애인이었습니다. 아버지와 둘이 살았는데요. 그의 아버지 역시 지적장애로 글을 못 썼습니다. 어머니는 예전에 돌아가셨고요.

사건 발생 이후 경찰은 실마리를 찾지 못하고 헤맵니다. 그러다 강인구 씨와 친구들 총 세 명을 잡아들입니다. 경찰은 속칭 '족쳐서' 이들에게 허위자백을 받아냅니다. 강인구 씨도 자술서를 썼는데요, 그 과정은 이렇습니다. 경찰이 '이제부터 내가 불러줄 테니 받아 쓰라'고 했답니다. 한글을 모르는 강인구 씨는 가만히 있었겠죠. 그럴수록 형사의 매질은 더 심해집니다. 자기한테 반항한다고 생각했던 거죠. 형사는 한참 뒤에야 강인구 씨가 한글을 모른다는 사실을 눈치챘습니다. 그리고 형사는 종이 한 장을 줍니다. '내가 자술서를 써줄 테니 이걸 보고 그려라'면서요. 강인구 씨는 감옥에 가서야 한글을 배웁니다. 공교육에서 받지 못한 혜택을 감옥에 가서야 받은 겁니다. 강인구 씨가 형기를 마치고 세상에 나와 보니 아버지는 어디론가 사라졌습니다. 아버지가 어디서, 어떻게 죽어, 어디에 묻혔는지 강인구 씨는 모릅니다.

이런 사람한테 듣도 보도 못한 기자가 찾아와서 '당신을 인터뷰하고 싶어요. 당신의 누명을 벗겨 줄게요' 한다면 '아 네. 정말 고맙습니다' 했을까요? 절대 그럴 리가 없죠. 오히려 도망을 갑니다. 강인구 씨는 소심하고 겁이 많은 편입니다. 제가 강인구 씨를 처음 만나 눈 마주치고 대화하는 데 6개월이 걸렸습니다. 인터뷰를 승낙하기까지 또 3개월이 걸렸습니다. 총 9개월이 걸린 셈입니다. 대한민국 어느 언론사가 9개월이라는 시간을 줄 수 있을까요?

제가 인터뷰하러 갔을 때 강인구 씨는 충남 논산의 한 원룸에서 살고 있었습니다. 손님이 온다고 집안을 깨끗이 청소했더군요. 냉장고 안에 사람 먹을 건 딱 하나였습니다. 저에게 줄 캔 커피 하나, 강인구 씨는 그걸 준비했습니다. 인터뷰를 하면서 많은 얘기들을 주고받았습니다. 어떻게 살인 누명을 쓰게 됐는지, 아버지의 삶은 어떠했는지, 자신이 어떻게 살아왔는지 등등. 한글을 모르는 두 부자의 삶은 기가 막혔습니다. 모든 이야기가 충격적이고 놀라웠습니다. 강인구 씨에게 물었습니다. "인구 씨, 살면서 언제가 가장 힘들었어요?" 그는 아무 죄 없이 경찰서로 끌려가 두들겨 맞았을 때가 가장 무섭고 힘들었다고 했습니다. 제가 다시 물었습니다. "인구 씨, 그러면 가장 행복했던 순간은 언제였어요?" 강인구 씨는 '행복'이란 단어를 처음 들어본 사람처럼 당혹스런 눈빛으로 저를 쳐다봤습니다. "제 인생은 늘 힘들었죠. 좋았던 시절이 없어요."

저는 강인구 씨를 다그쳤습니다. 사람이 어떻게 그럴 수가 있느냐고, 다시 한번 잘 생각해 보라고 말입니다. 잠시 후 강인구 씨가 인생 최고의 화양연화에 대해서 말했습니다.

어머니가 돌아가신 것은 그가 일곱 살 때였다고 합니다. 지적장애인이었던 그의 아버지는 술을 좋아하고 가정폭력도 행사했던 모양입니다. 어머니를 많이 때리고 괴롭혔다고 해요. 그래서 어머니는 우울증으로 힘들어 하셨고요. 어느 날 누워서 시름시름 앓던 어머니가 종이에 뭔가를 적어 강인구 씨에게 건넵니다. '가게 아저씨한테 이 종이 보여드리고 아저씨가 주는 걸 받아 와' 하면서요. 오랜만에 엄마 심부름을 하게 된 일곱 살 소년은 가게를 향해 힘차게 달려갑니다. 그리고는 아저씨가 건네준 물건을 받아 또 전속력으로 달려 엄마한테 갖다드리죠. 그걸 한입에 털어 넣은 엄마의 입가에 흰 거품이 일어납니다. 강인구 씨는 '엄마, 왜 그래?' 하면서 그 거품을 닦아 주었다고 합니다. 그러자 엄마는 '인구야, 엄마 괜찮아. 그만 자자' 하면서 그에게 팔베개를 해주었다고 합니다. 다음 날 아침, 잠에서 깨어난 사람은 강인구 씨 혼자였습니다. 어머니는 그렇게 돌아가셨어요. 어머니와 마지막으로 잤던 그날, 엄마 품이 그렇게 따뜻했다고 합니다. 그 순간이 강인구 씨 인생에서 가장 행복한 화양연화였다고 합니다.

그를 위해 울어준 단 한 사람

눈물을 꾹 참으며 인터뷰를 하다가, 마지막으로 물었습니다. "인구 씨를 위해서 울어준 사람이 있었습니까?" 강인구 씨는 한참을 생각하더니 딱 한 명 있다고 했습니다. 그 한 명은 누구였을까요?

삼례 나라슈퍼 3인조 강도치사사건으로 강인구 씨와 친구들 총 세 명이 누명을 쓰고 수감생활을 했는데요. 수감된 지 약 1년 만에 진범 3인조가 부산에서 체포됐습니다. 진범 3인조는 처음 사건을 수사했던 전주지방검찰청으로 이송됐습니다. 잘못된 수사와 기소로 결과적으로 삼례 3인조에게 살인 누명을 씌운 최아무개 검사가 이들을 맡습니다. 최아무개 검사는 진범 3인조를 기소하지 않음으로써, 경찰·검찰·법원의 잘못을 덮었습니다. 이들을 풀어 주기 직전에 최 검사는 '삼례 3인조'와 '진범 3인조'를 대질합니다. 그때 최 검사는 책상을 쾅 하고 내리치는 등 위압적인 분위기를 조성하면서 강인구 씨를 다그칩니다. "야, 강인구, 똑바로 말해. 네가 할머니 죽였지?" 세 사람 중 가장 나약한 강인구 씨를 표적으로 삼은 겁니다. 그러자 강인구 씨는 벌벌 떨면서 '죄송해요. 저희가 할머니 죽였어요'라고 답합니다. 눈앞에 진범들이 있는데도요. 그러자 고개를 푹 숙이고 있던 진범 중 한 명이 고개를 듭니다. 그리고는 강인구 씨 얼굴을 보고 펑펑 울었다고 합니다. 그 살인범이 강인구 씨를 위해 울어준 단 한 사람입니다.

저는 이 이야기를 듣고 말이 나오질 않았습니다. 인터뷰해 줘서 고맙다고 인사하고 강인구 씨 집을 나섰어요. 그런데 도무지 그 밤에 운전을 해서 서울로 돌아갈 엄두가 나질 않았습니다. 너무 충격적이었으니까요. 그냥 차 안에 들어가 엉엉 울었습니다. 내가 강인구 씨를 위해 울어준 두 번째 사람이 되고 싶다는 생각도 들었습니다. 잠시 후 담배를 피우러 밖으로 나온 강인구 씨가 제 차를 발견하고 다가오더니 창문을 막 두들기더군요. 그는

"기자님, 아직 안 가고 뭐하세요?"라고 물었어요. 그리고는 집 안으로 다시 들어가 캔 커피를 들고 나왔습니다. 왜 안 드셨느냐, 가져가시라면서요.

저는 박준영 변호사, 신윤경 변호사, 황상만 전 군산경찰서 형사반장과 함께 탐사보도를 하면서 익산 약촌오거리에서 택시기사를 살해한 진범을 세상에 공개했습니다. 무척 두려운 일이었습니다. 당시 우리가 공개적으로 공격한 사람 중에는 강인구 씨가 연루된 삼례 나라슈퍼 사건의 진범도 있었습니다. 저희는 그 진범에게 직접 연락해 인터뷰도 했습니다. 만나 보니 사실 살해 의도가 있던 살인범은 아니었습니다. 슈퍼를 털려고 들어가 주인 할머니 입에 청 테이프를 붙였는데, 주변이 어둡다 보니 코까지 막아버린 겁니다. 그 탓에 할머니가 숨지는 사고가 벌어졌던 거죠.

이 사건에는 한동안 풀리지 않는 미스터리가 있었습니다. 죽은 할머니 곁에는 물이 흥건했어요. 도대체 무슨 일이 있었기에 사건 현장에 물이 흥건했을까. 수사기관도 밝히지 못했던 그 수수께끼를 저는 진범의 입을 통해 들었습니다. 할머니가 숨을 쉬지 않는 것을 발견한 뒤 놀란 진범들은 청 테이프를 떼어 내고 할머니에게 물을 떠다 먹이려 했다고 합니다. 혹시나 살아날까 싶어서요. 그래도 할머니가 정신을 차리지 못하자 셋 다 놀라 도망을 갔다고 합니다.

진범은 박준영 변호사와 제가 삼례 나라슈퍼 사건 탐사보도를 시작한 것을 알고 있었습니다. 그래서 언젠가는 나를 찾아오겠구나 하고 각오하고 있던 차에 저를 만나게 됐다고 했어요. 이분이 모든 진실을 말해준 덕분에 강인구 씨를 비롯한 세 사람은 누명을 벗을 수 있었습니다. 법정에 출두해 자신이 할머니를 죽인 진범이라고 진술도 해주었죠.

제가 이 이야기를 길게 하는 이유가 있습니다. 강인구 씨 등 삼례 3인조가 살인 누명을 쓴 것은 1999년이었습니다. 재심으로 누명을 벗은 때가 2016년이니, 17년이나 걸린 셈이죠. 놀랍지 않습니까? 민주주의 국가라는 대한민국에서 17년간 저 친구들에게 관심을 가진 사람이 단 한 명도 없었다는 사실이요. 그 많은 인권단체나 시민단체 중 이들에게 관심을 가진 곳은 단 한 군데도 없었습니다. 언론 또한 마찬가지입니다. 사건 초기 수많은 매체가 이들에 대해 보도했죠. 그러나 이들의 인생에 관심을 가진 매체는 단 한 곳도 없었습니다. 왜 그랬을까요? 많은 언론사는 그럴 만한 시간을 주지 않기 때문입니다. '강인구 씨 인터뷰해와. 싫다고 해도 잘 설득해서 성사시켜 봐' 하면서 6개월, 9개월씩 시간을 줄 수 있는 언론사가 한국에 과연 있을까요? 저는 회의적입니다.

좋은 기사는 통한다

무기수 김신혜 사건, 익산 약촌오거리 택시기사 살인사건, 삼례 나라슈퍼 3인조 강도치사사건. 이 세 사건을 보도하는 데만 2년

이 걸렸습니다. 뒤의 두 사건은 누명을 벗었고, 김신혜 씨는 지금 재심을 받고 있습니다. 2년간 스토리펀딩으로 10억 원을 벌었습니다. 공부로는 맨날 꼴찌를 하던 제가 스토리펀딩에서 돈 모으는 걸로 처음 일등을 해봤는데요. 10억 원을 번 것보다 더 즐거웠던 것은 '좋은 기사는 통한다'는 진리가 눈앞에서, 제 실천으로써 확인됐다는 사실이었습니다. '좋은 기사는 통한다'는 게 하나의 신념으로 다시 한 번 자리 잡게 된 계기였죠.

　펀딩 받은 10억 원 중 재심 관련자들을 돕는 비용 등으로 쓰고 나니 제 몫으로는 1억 5천만 원이 떨어졌습니다. 이걸 혼자 꿀꺽해도 됐을 텐데, 그렇게 썼다간 큰일이라도 날 것 같아 덜컥 매체를 창간해 버리고 말았습니다. 그게 바로 진실탐사그룹 〈셜록〉입니다. 〈셜록〉을 만들고 기자들도 고용했죠. 저는 정말 잘될 줄 알았습니다. 이러다 내가 루퍼트 머독(Rupert Murdoch) 같은 언론 재벌이 되겠다는 생각까지 했어요. 그런 마음으로 〈셜록〉을 시작한 게 2017년 1월인데, 정확히 그 해 9월부터 돈을 빌리러 다니기 시작했습니다. 9개월 만에 쪽박을 찼어요. 그래도 직원 월급은 줘야 하니 빚을 얻으러 다닌 건 기본이고, 해볼 건 다 했습니다. 현금서비스며 카드론을 한도까지 다 받았죠. 대부업체까지 안 간 게 그나마 다행이었습니다.

　2017년 9월부터 2018년 여름까지, 저는 아침마다 자살을 생각했습니다. 대한민국이 왜 자살 1위 국가인지 자연스럽게 알 수 있었습니다. 아침에 눈 뜨기가 싫었어요. 글 쓰고 보도만 하던 제게 사업은 정말 생소한 세계였습니다. 어렵고 힘든 나날이 계속됐어요. 그렇게 2년간 대기근을 겪었습니다. 지금도 제 모습을 보면 가난이 뚝뚝 떨어지지 않습니까? 그런데 어느 날 드디어 살아날 기회를 찾았습니다. 모 언론사의 고위급 간부가 저를 찾아왔어요. 그는 아주 달콤한 유혹을 던졌습니다. 제게 합병을 제안했습니다. 〈셜록〉이라는 제호를 계속 쓰게 해주고, 기자들 다 고용승

계하고, 디자이너와 개발자를 붙여줄 테니 합병하자는 제안을 받고 저는 크게 흔들렸습니다. 그래서 일주일만 고민해 보겠다고 했죠. 일주일 뒤, 저는 결국 그의 제안을 거부했습니다. 헤어지는데 그가 한 마디 하더군요. '당신, 후회할 거야'라고요. 처음 한 달간은 정말로 후회했습니다. 그냥 제안을 받을 걸 싶었죠.

　이야기를 정리해 보겠습니다. 제가 인생에서 가장 잘한 선택은 〈오마이뉴스〉를 그만둔 것이었고, 두 번째는 그만두더라도 월급을 주겠다는 제안을 거부한 겁니다. 세 번째 잘한 일은 합병 제안을 거부한 겁니다. 합병 제안을 거부한 뒤 제가 만난 사람이 바로 제주도에 있는 오재선이라는 분입니다. 일본으로 밀항했다가 간첩 누명을 쓴 분입니다. 이분한테 간첩 누명을 씌운 사람이 바로 양승태 전 대법원장입니다.

　양 전 대법원장이 제주지방법원 부장판사일 때 나는 간첩이 아니라고 울면서 호소하는 오재선 씨에게 간첩죄를 선고했습니다. 이분은 당시 받은 고문 후유증으로 지금도 한쪽 귀가 들리지 않습니다. 제가 이 어르신의 이야기를 보도했을 때, 드디어 빛이 보였습니다. 여러 다른 언론사들이 오재선 씨에 대한 후속보도를 이어 가면서, 〈셜록〉 콘텐츠에 대한 사람들의 관심도가 높아졌어요. 이 어르신이 저를 살린 셈입니다. '좋은 기사는 통한다'는 것도 다시금 입증됐고요. 언론사는 위기를 돌파하려면 삼성에 가서 손 벌릴 게 아닙니다. 좋은 기사를 쓰면 됩니다. 그러면 독자들이 알아봐 주고 먹고살 길이 열립니다.

　오재선 씨 보도 이후 〈셜록〉이 조금 살아나기는 했지만 경제적으로는 계속 힘들었습니다. 2018년 여름에는 〈셜록〉을 닫아야 하나, 말아야 하나 집중적으로 고민했어요. 그런 상황에서 저는 삼례 사건의 진범에게 연락을 했습니다. 단도직입적으로 말했습니다. 돈 좀 있으면 빌려 달라고요. 제가 그렇게 한 데는 이유가 있습니다. 박준영 변호사랑 제가 이분을 처음 인터뷰할 때 어디서 일하냐고 물었더니 조선소에서 근무한다고 하더라고요. 힘든 일을 하고 살겠구나 하는 생각이 들었습니다. 한 달에 얼마나 버냐고 물었습니다. 그랬더니 이분이 월 사오백만 원은 번다고 하시는 거예요. 그래서 박 변호사랑 제가 동시에 그랬습니다. "저희보다 낫네요!" 당시 박 변호사나 저나 거의 파산 상태였거든요. 저희 얘길 듣더니 이분이 한 달에 사오백도 못 벌고 어떻게 사냐고 되묻더군요.

살인범이 보내준 150만 원

저는 그 말이 잊히지 않았어요. 그래서 '폭망'한 뒤 전화를 걸었던 거죠. '저, 박상규 기잔데 기억하시죠?'라고 인사를 건넨 뒤 돈 좀 빌려 달라 했더니 이분이 지금은 가진 돈이 없다고 그랬어요. 그래서 제가 화를 냈어요. 한 달에 사오백만 원 버는 분이 돈이 없다는 게 말이 되냐고요. 그랬더니 이분 왈, 그 정도를 벌어도 카드값 내고 이것저것 쓰다 보면 매달 남는 게 없다 하더라고요. 그래서 전화를 끊었는데, 5분 뒤 문자메시지가 왔습니다. 제 계좌번호를 알려 달라고요. 당시는 물불 가릴 때가 아니었으니 곧바로 계좌번호를 보냈어요. 잠시 후 '150만 원이 입금되었습니다'라는 문자메시지가 전화기에 뜨더라고요. 곧바로 전화를 해서, 이게 무슨 돈이냐고 물었습니다. 그랬더니 이분 말이, 자기가 신용카드로 현금서비스를 받을 수 있는 최대 금액이 150만 원이래요. 그걸 제게 보냈대요. 너무 고마운 마음에 '뭘 현금서비스까지 받으셨냐'고 했더니, 이런 말을 하더라고요. '당신이 오죽했으면 나한테까지 왔겠냐'고요.

제가 양진호 회장 사건을 보도한 뒤 맨 처음 문자메시지를 보내온 것도 이분입니다. 돈 갚으라는 연락은 아니었어요. 빌린 돈은 그 전에 이미 갚았습니다. 오해하시면 안 됩니다. (웃음) 그게 아니라 '이제 유명해져서 얼굴 보기 힘들겠다'는 내용이었습니다. 그래서 제가 바로 답신을 보냈습니다. '당신 덕분에 제가 살았습니다. 이게 다 당신 덕분입니다'라고요.

그 어려운 여름을 보내고 나서 양진호 회장 사건을 보도하게 됐습니다. 제가 이 사건을 보도한 뒤 주변에서 저를 걱정해 주시는 분들이 많습니다. '양진호한테 테러 당하는 거 아니냐' 하면서요. 사실은 반대입니다. 양진호가 저를 먹여 살리고 있습니다. 양진호 때문에 〈셜록〉이 다시 유명세를 얻었고 독자도 늘어나고 있습니다. 양진호 때문에 저희는 망하지 않을 듯합니다. 심정적으로 고마워하고 있습니다.

양진호 회장이 '은인'인 까닭

최근 양진호 회장 가족에게 놀라운 이야기를 들었습니다. '양진호의 인생을 한 마디로 요약할 수 있는 단어가 있다. 그것은 바로 복수다. 양진호는 끝까지 철저하게 보복하는 인간이다'라고요. 가족들은 이런 설명을 덧붙였습니다. "양진호가 5년, 10년형을 선고받아도 감옥에서 나오면 반드시 보복에 나설 테니 그때까지 하고 싶은 것 다하면서 마음껏 살라. 그때는 당신이 죽을지도 모른다." 그런 얘길 들으니 무서웠지만 한편으론 앞으로 5년, 10년간 자유를 누리며 내 마음대로 살아도 되는구나 하는 위안이 됐습니다. 〈셜록〉이 이 사건을 보도한 지 일주일 만에 양진호 회장은 구속이 되었습니다. '좋은 기사는 통한다'는 게 다시 한 번 입증이 된 셈입니다.

탐사보도를 하면서 가장 기쁜 것은 피해자들이 변화하는 모습을 볼 때입니다. 일반 기자들은 절대로 보기 어려운 모습일 겁니다. (검찰청사로 들어가는 누군가의 뒷모습을 영상으로 보여 주며) 이분은 양진호 회장에게 폭행당했던 대학교수입니다. 이전에는 숨어 살았지만 보도 이후 자존감을 회복하고 양진호 회장을 고소하겠다며 당당히 검찰청을 찾았습니다. 맨 처음 영상에서 보여드렸던, 양 회장에게 뺨을 맞던 직원도 기억하실 겁니다. 양진호 소유 회사를 그만둔 뒤 이분은 가는 데만 하루가 걸리는 섬에 숨어 살았습니다. 그랬던 이분 역시 양진호 사건 보도 이후 세상 밖으로 나왔습니다. 그리고 진술을 위해 검찰청을 찾았습니다. 저는 이런 모습들이 가장 감동적입니다.

'그래도 어떻게 살인범한테 돈을 빌려?'라고 생각하는 분들이 계실 겁니다. 이 사진을 한 번 봐주십시오. (결혼식의 신랑 양옆에 두 남자가 서 있는 사진을 보여 주며) 이건 강인구 씨의 2017년 결혼식 사진입니다. 이 자리에 제가 돈을 빌린 진짜 살인범이 하객으로 참석했습니다. 그 옆에 서 있는 또 다른 하객은 누굴까요? 놀라지 마십시오. 삼례 나라슈퍼 사건 때 희생당한 할머니의 사위입니다. 어떻게 이런 일이 가능했을까요? 이 살인범은 진범으로 체포됐을 때 자신의 죄를 부인하지 않았습니다. '내가 사람을 죽였다. 감옥에 가겠다'고 했죠. 그런데도 검사가 그를 풀어 줬던 겁니다.

탐사보도 기자만이 누리는 특권

사망한 할머니의 사위는 훗날 진범에게 이렇게 요구했습니다. '당신이 재심 법정에서 진실을 모두 자백하면 죄를 용서해 주겠다'고요. 이 사위는 왜 그런 말을 했을까요? 불행한 사건으로 장모님을 잃은 것도 억울한데, 그 죽음으로 인해 삼례 3인조가 억울한 누명을 쓴 게 너무도 슬펐던 겁니다. 그 이전에도 참회하고 반성했던 진범은, 이 말을 듣고 더욱 크게 사죄를 했습니다. 재심 법정에 나가 '내가 진짜 살인범'이라고 자백도 다시 했어요. 덕분에 강인구 씨는 누명을 벗었고요. 이런 감동적인 모습을 볼 수 있다는 것이야말로 탐사보도 기자만이 누릴 수 있는 특권입니다.

마지막으로 다시 한 번 강조하고 싶은 말이 있습니다. 뭘까요? '좋은 기사는 통한다'라고요? 그렇게 생각하시면 아마추어입니다. 제가 마지막으로 강조하고 싶은 것은 '왓슨'이 필요하다는 것입니다. '왓슨'은 〈셜록〉을 유료로 후원하는 회원들을 일컫는 말입니다. 지금부터 여러분이 할 일은 스마트폰을 꺼내 〈셜록〉 홈페이지(www.neosherlock.com)에 접속한 다음 후원회원으로 가입해 주시는 겁니다. 후원회원이 되시면 앞으로 양진호 사건보다 더 놀라운 퍼포먼스들을 보게 될 겁니다. 〈셜록〉은 저를 포함해 직원이 세 명입니다. 세 명으로 지난 한 달간 세상을 흔들어 놓았습니다. 〈셜록〉이 더 성장하고 커지면 어떤 일이 벌어질지, 그건 여러분들의 상상에 맡기겠습니다.

5장.

'MB 프로젝트'에서
MB 판결까지

주진우

사회. 이명박 비자금이라고 하면 당연히 생각나는 사람이 있죠. 이명박 전 대통령과 연관검색어에 오르기도 하는 분입니다. "MB 프로젝트'에서 MB 판결까지'라는 주제로 〈시사IN〉 대표기자인 주진우 기자의 이야기를 청해 듣겠습니다.

이번 콘퍼런스 주제인 탐사보도와 민주주의에 대해 다른 분들이 좋은 말씀을 많이 해주셨는데요. 저는 다른 건 모르겠지만 탐사보도라면 할 말이 있을 것 같습니다. 탐사보도를 위해서는 한 곳을 주력해서 파야 한다고 생각해요. 삼성, 박근혜·최순실 스캔들, 사법농단 등등 그간 우리 사회에 벌어진 크고 중요한 일들이 많았죠. 그중 무엇이 가장 중요한가? 사회악은 널려 있고 할 일도 많잖아요. 그렇다면 이런 한계 속에서 한 분야를 어떻게 파고들어 시민들에게 전달할지 '선택과 집중'을 하는 게 중요하다고 생각합니다. 어차피 지면은 한정돼 있으니까요.

저는 늘 고민합니다. 지금 어떤 이야기를 해야 할지, 그 이야기를 독자들에게 어떻게 전달해야 할지를 말입니다. 여러 분야를 쫓기보다 그중 한 주제를 선택해 제대로 알려야겠다는 판단을 하게 돼요. 통상적으로는 가장 크고 중요한 이슈가 본질적인 내용을 담고 있는 경우가 많죠. 그래서 그걸 쫓아가다 보면 자연스럽게 탐사보도를 하게 된다고 할까요? 다른 기자들이라면 할 말이 많겠지만, 저는 능력이 부족하고 이명박만 좋아하는 사람이니까요. 제게 주어진 시간 동안 MB 이야기를 해보려 합니다.

MB를 영접하게 된 계기

 제가 MB를 어떻게 영접하게 됐는지, 처음에 쫓아다니게 된 계기가 무엇이었는지, 제가 그분을 얼마나 사모했는지에 대해서 〈시사IN〉에 실린 저의 이명박 관련 기사를 중심으로 이야기를 풀어 나가 볼까 합니다. 사실 제가 이명박 말고도 나름 중요한 보도를 많이 했습니다. 박근혜 게이트에서 중요한 기사도 많이 썼어요. 최순실에 대한 최고 전문가이기도 하고요, 둘을 따라서 스위스와 독일에 열 번도 더 갔습니다. 지금도 가고 있고요. 양승태 전 대법원장과 사법농단에 대한 보도도 꾸준히 하고 있고, 제가 쓴 삼성 기사가 특검 수사로 이어지기도 했습니다. 그런데도 MB를 주제로 선택한 것은, MB 기사가 어떻게 진행됐는지 살펴봄으로써 탐사보도에 대해 간단하고 쉽게 이해할 수 있을 것 같아서입니다. 포털 사이트에 제 이름 '주진우'를 치면 연관 검색어로 '이명박'이 뜹니다. '이명박'을 치면 한동안 제 이름이 나왔고요. 외신에 '대통령을 감옥 보낸 기자'라는 기사까지 나왔으니, 이야기할 자격이 조금은 있겠죠.
 (에리카 김을 인터뷰한 〈시사IN〉 2007년 12월 11일자 기사를 화면으로 보여 주며) 먼저 에리카 김 이야기부터 해보죠. 여러분도 아시다시피 에리카 김은 MB와 특별한 관계입니다. 이 기사가 실린 2007년은 굉장히 많은 사건이 일어난 해였습니다. 무엇보다 그 해 12월 말 대통령 선거가 있었죠. 여기서 MB가 대통령에 당선됐고요.
 그런데 선거가 있기 한 달 전인 2007년 11월 김용철 변호사가 삼성 비자금을 폭로하는 사건이 벌어졌어요. 제가 김용철 변호사를 처음 만난 게 2007년 10월이었는데요. 그때 김용철 변호사는 굉장히 불안한 상태였어요. 삼성이 자기를 납치해 죽일 수도 있다며 두려워하고 있었죠. 이 때문에 처음에는 그를 보고 미쳤다고 생각한 사람들이 있었어요. 하지만 그는 삼성 구조조정본부(일명 구조본)에서 핵심적인 역할을 맡았죠. 당시만 해도 삼성에 대해 언론들이 할 말을 하지 못하던 때였습니다. 그런 상황이었기에 더더욱 저는 이분이 귀하고 중요하다고 확신했죠. 그리고는 김 변호사를 모시고 한 달간 호텔방을 전전하며 '삼성 프로젝트'를 시작했습니다. 이분이야말로 우리 시대에 삼성과 경제 민주주의에 대해 중요한 의미를 던질 수 있겠다고 생각했으니까요.

제가 몸담고 있는 〈시사IN〉은 쫓겨난 기자들이 만든 매체입니다. 2007년, 〈시사저널〉 발행인이 삼성 기사를 몰래 삭제한 사건에 항의하며 편집권 독립을 되찾으려던 기자들이 거리로 내몰렸습니다. 이 기자들이 중심이 돼 2007년 9월 〈시사IN〉을 창간했죠. 그런데 창간하고 얼마 되지 않은 시점에 김용철 변호사의 증언을 보도할 수 있었던 겁니다. 이로써 동료들에게 조금이나마 면목이 서기도 했습니다. 이 보도는 결국 삼성 비자금 사건 특검으로 이어졌어요. 그 와중에 대선 시기가 다가왔고, BBK 사건이 불거졌습니다.

그런데 BBK 사건이란 게 처음 접하니 너무 복잡했어요. 언론에서 BBK 핵심 관계자인 에리카 김을 빼놓고 설명하니 이해가 안 됐어요. 그래서 만나야겠다고 생각하게 된 거죠. "그때 어떤 일이 있었나요?" "이명박은 왜 당신 동생과 사기를 쳤나요?" "당신과 이명박은 대체 어떤 사이죠?"라고 물어보려고요. 그런데 인터뷰를 하면서 깨달았습니다. '와! 이명박, 정말 나쁜 사람이구나'라고요. 돌이켜 보면 이게 MB 프로젝트를 시작하게 된 계기였던 것 같습니다.

에리카 김을 인터뷰하며 깨달은 것

에리카 김을 만나고 그녀의 동생인 김경준 씨 메모도 입수했습니다. (김경준 씨가 삐뚤빼뚤한 글씨로 쓴 종이를 화면에 비추며) 이건 당시 검찰 수사를 받은 과정에서 김경준 씨가 지인에게 건넨 메모였는데요. 내용을 보면 '이명박 이름을 빼주면 구형량을 3년으로 맞춰 주겠대요'라고 적힌 부분이 있습니다. 이명박 후보에게 유리한 진술을 해주면 형량을 낮춰 주겠다는 충격적인 제안을 검찰이 김경준 씨에게 했던 겁니다. 당시 〈시사IN〉이 보도한 이 한 장의 메모는 검찰이 권력 앞에 어떻게 무너졌는지를 극명하게 보여준 사례였습니다. 이 메모는 BBK 사건이 특검으로 이어지는 단초가 되기도 했죠. 당시 제가 에리카 김 인터뷰와 김경준 씨 메모에 대한 기사를 쓴 것은 미국 로스앤젤레스에서였는데요. 〈시사IN〉 커버스토리로 보도된 뒤 비행기를 타고 서울로 돌아오는데, 기내에 실린 모든 신문 1면 또는 2~3면에 김경준 메모를 인용한 관련 기사들이 실려 있더라고요. '밥값 했구나' '사고를 치긴 제대로 쳤구나' 하는 생각이 들었죠.

그렇게 이명박 시대가 시작되었습니다. 당시 언론이 MB를 얼마나 칭송했냐면요. 지금이야 'MB는 원래 그런 ×이었다' '주변에 사람이 없다'고들 욕하지만, 이명박 정권 1~2년차 때였던 그 시절만 해도 거의 모든 언론이 MB를 추앙하다시피 했습니다. 세종대왕급으로 성군이라며 칭송이 자자했죠. MBC를 비롯해 언론과 권력의 유착도 급격하게 진행되기 시작했습니다. 언론이 권력을 떠받드는 축으로 재편되던 시기였다고 할까요? 〈동아일보〉 이동관, 〈주간조선〉 신재민 같은 '조중동' 사람들을 데려다 쓰면서 MB에 대한 쏠림 현상도 심화됐어요. (이명박 정부에서 방송통신위원장을 맡은 최시중, 청와대 대변인을 맡은 이동관, 문화체육관광부 차관을 맡은 신재민 등은 MB 정부의 언론탄압 주역으로 비

판받았다.) 언론이 이명박의 예스맨으로 전락하는 걸 보면서 저는 더더욱 결심을 굳혔습니다. '이명박 얘기는 꼭 해야겠다' '이명박은 꼭 내 손으로 무상급식 시키겠다'고요.

2011년 4월 6일자로 제가 쓴 기사가 '다시 보자, 고·소·영'입니다. ('고·소·영'은 MB 정부가 고려대·소망교회·영남 출신 등을 특별히 중용한 데서 비롯된 은어이다.) MB 정부는 전문 분야를 막론하고 '고·소·영' 출신을 계속해서 자기네 사람으로 기용하곤 했어요. 이어 4월 23일자로는 'MB와 수호천사들'이라는 기사를 썼습니다. 검찰총장 김준규, 경찰청장 조현오, 국세청장 이현동, 국가정보원장 원세훈을 수호천사에 비유한 캐리커처와 함께요. 아시다시피 조현오 경찰청장은 이른바 명박산성을 쌓은 사람이었죠. 광화문 촛불시위와 쌍용자동차 노동자들의 농성을 강경진압하면서 이명박 눈에 들어 픽업된 사람이 바로 조현오였습니다. 국세청장 이현동은 MB에게 찍힌 기업들을 윽박지르던 사람이었죠. 현재는 특정범죄 가중처벌법상 뇌물수수 및 국고손실 혐의로 재판을 받고 있습니다. 그런가 하면 국정원장 원세훈은 잘 아시다시피 MB의 가장 큰 자금줄이었습니다. 본래는 서울시 상수도사업본부 본부장이었다가 MB에게 돈을 잘 챙겨 줬다는 이유로 국정원장까지 됐다는 설이 있었죠. 지금은 국가정보원 특수활동비를 청와대에 상납했다는 혐의로 재판을 받고 있기도 합니다.

'MB 공신 행렬도'(《시사IN》 2011년 4월 30일자)도 이즈음 보도한 기사입니다. 정권 창출에 기여한 인물들을 계속해서 요직에 등용하고 있다는 기사였죠. 이처럼 저는 거의 한 주 걸러 한 번씩 계속해서 이명박에 대한 기사만 써댔습니다. 'MB와 재벌'(《시사IN》 2011년 5월 28일자), '청계재단 미스터리'(《시사IN》 2011년 7월 2일자), '왕의 남자들'(《시사IN》 2011년 10월 8일자) 등등 정말 열심히도 썼죠. 그 바람에 경찰청에서도, 국세청에서도 저를 계속 쫓아다녔습니다만.

MB 관련 특검을 세 차례 이끌어내다

지금이야 MB 정부가 '도덕적으로 완벽한 정권'이라는 말을 들으면 다들 웃겠지만, 당시만 해도 그걸 지적하는 언론이 별로 없었습니다. 그래서 '왕의 남자들, 비리 복마전 건설하다' 같은 기사를 썼던 거였고요. 청계재단 문제도 그렇습니다. 지금은 '절세하려고 청계재단 만들었던 거 아냐?'라고 생각하시는 분들이 많겠지만, 당시에는 그렇지 않았습니다. 그래서 제가 '주머닛돈 꺼내서 쌈지에 넣었나' 같은 기사를 썼죠. 얼마 전 청계재단이 소유한 건물 지하실에서 무단유출된 청와대 문건 3천여 건이 나왔던 건 다들 기억하시죠. 그 지하창고를 검찰에 이른 사람도 접니다.

MB 아들 이시형 씨가 정체불명의 돈 50억 원으로 땅을 사들였다는 이른바 내곡동 사저 사건(《시사IN》 2011년 10월 5일자)

을 보도한 것도 이즈음이었네요. 이 기사도 결국에는 특검으로 이어졌죠. 제 기억에는 MB와 관련한 특검이 총 세 차례 있었습니다. 이른바 선관위 디도스 공격 사건 특검, 내곡동 땅 특검, BBK 특검이 그것이었는데요. 이 세 번의 특검이 모두 제 기사를 통해 이뤄졌습니다.

'농협 회장이 뭐길래'라는 기사도 있었습니다. (〈시사IN〉 2011년 11월 2일자) MB의 고교 후배였던 최원병 당시 농협 회장 얘기였는데요. 당시 농협이 STX라는 망해 가는 조선사에 돈을 빌려 줬다가 2조 5천억 원을 날렸습니다. 이 돈을 날릴 줄 모르고 투자를 하게 됐을까요? 아닙니다. 날릴 줄 알았습니다. 그런데도 도대체 왜 그랬을까요? 당시 상황을 보면 이렇습니다. 외국에 있는 청년 실업자가 페이퍼 컴퍼니를 만듭니다. 그러면 농협이 바로 다음 날 2백억 원을 송금합니다. 담보도, 보증도, 아무것도 없이요. 그리고 회사는 바로 망하거나 사라져요. 그래도 끄떡없어요. 그게 MB 스타일이죠. MB 정부 당시 이명박의 주변 사람들이 금융권을 이런 식으로 움직였던 거죠.

그러다 결국 정권이 바뀌었습니다. 그렇지만 박근혜 정부 때도 MB를 건드릴 수 없었어요. 자원외교, 4대강 등 문제 될 사안이 널려 있었는데도요. 박근혜 전 대통령도 MB를 좋아하지 않았던 것으로 압니다. 사실 그분을 좋아하기란 여간 힘든 게 아니에요. (웃음) '박근혜 정권 사정 1호'로 포스코를 지목하는 등 MB를 겨냥한 수사들을 진행하려 했죠. 그런데 수사를 하다 보면 그 과정에 '박근혜의 사람들'이 꼭 하나둘씩 연루돼 있었던 겁니다. 그중 상당수가 박근혜 정부 요직을 차지하고 있었어요. 그리고 박근혜의 사정기관도 이명박은 무서워했어요. 한 번도 핵심으로 향하지 못했죠. 그러다 보니 MB를 손대지 못했던 거죠.

촛불혁명으로 정권이 교체되면서 마침내 기회가 찾아왔습니다. 이명박을 감옥에 보낼 기회 말입니다. 저의 첫 작업은 책 『이명박 추격기』(푸른숲 펴냄, 2017)를 쓰는 일이었습니다. 말 그대로 MB의 돈을 쫓아 가는 과정을 그린 책이었어요. 그것이 2017년 8월 16일이었습니다. '이제 이명박을 잡겠다'고 선포하고 MB 탐사보도의 재개를 이 책으로 시작한 셈입니다.『이명박 추격기』는 십만 부 가까이 팔리면서 베스트셀러 1위에 올랐습니다. 요즘 사람들이 책을 잘 읽지 않는데, 기자 중 유일하게 베스트셀러 1위에 오른 사람이 저일 겁니다.

그런데 책만으로는 부족했습니다. 제가 책을 출간하고 이명박을 잡겠다고 선언했더니 검찰은 물론 청와대에 있는 사람들도 손사래를 쳤습니다. 박근혜 전 대통령이 구속된 마당에 MB까지 구속하면 너무하다는 소릴 듣는다는 거였어요. 하지만 저는 '그렇다고 MB를 놔둬? 저렇게 크고 중요한 잘못을 했는데?'라고 생각했습니다. 여론을 조성해야겠다고 생각했죠. 그래서 '몹쓸 짓'을 하게 됐는데, 그게 뭐냐면 바로 노래를 만든 겁니다. 〈돈의 신〉이라고, 제 절친인 이승환이 MB 구속을 위해 용기를 내주셨죠.

주류 언론이 쓴 첫 기사는 〈돈의 신〉

노래를 왜 만들었냐면, 어쩔 수가 없었어요. 제가 아무리 MB 기사를 써도 주류 언론에서 기사를 안 받아 줬으니까요. 잠시 노래를 들어볼까요? ('늬들은 고작 사람이나 사랑 따윌 믿지 / 난 돈을 믿어 / 고귀하고 정직해 / 날 구원할 유일한 선'〈돈의 신〉가사 앞부분이 흘러나옴) 쓸데없이 퀄리티가 높습니다. 그나마 노래를 만들었더니 여기저기서 기사를 쓰더라고요. 이 노래를 JTBC 〈정치부회의〉에서 처음으로 받아줬어요. 재미있잖아요. '이명박을 위한 노래가 나왔네? 거기에 이승환이랑 주진우가 나왔네?' 하면서요. 제가 MB의 크고 중요한 비리들에 대해 연속적으로 탐사보도를 할 때는 외면하던 언론들이 그나마 처음 다뤄준 게 노래 기사였죠.

　　노래만으로 부족할 것 같아 또 하나 준비한 게 있었어요. 언론이 후속보도에 나서기까지는 시간이 오래 걸릴 거라고 생각했기에 다른 것들도 미리 준비하고 있었던 거죠. 그것이 바로 다큐멘터리 〈저수지 게임〉이었습니다. 2017년 8월 책이 나왔고, 그다음 달인 9월 〈저수지 게임〉이 개봉했어요. 잠깐 예고편을 보겠습니다. (〈저수지 게임〉예고편 상영 후) 이건 이명박의 돈을 쫓아 가는 과정을 그린 다큐멘터리입니다. 처음에는 농협이 캐나다의 신생회사에 210억 원을 투자했다가 돈을 떼인 사건에서 이야기가 시작해요. 그러다 캐나다에서 사라진 돈이 조세피난처인 케이맨 군도로 갔다는 실마리를 포착하고, 이걸 추적하는 과정을 그렸습니다. 맨땅에 헤딩하는 심정이었어요.

　　(다큐멘터리 예고편 마지막에 '드디어 꼬리를 밟았다 / 저수지로 사라진 검은 돈 / 까도 까도 끝없는 연결고리'라는 자막이 흐르는 것을 잠시 지켜보다) 제가 이 문제를 취재하게 된 것은 '농협에서 큰 사건이 터졌다, 이 사건이 MB와 관련이 있다'고 확인해준 딥 스로트(deep throat, 결정적 제보자를 일컫는 언론계 용어)의 제보를 통해서였어요. 하지만 MB와의 관련성은 아직 정확히 밝혀지지 않고 있습니다. 아직 힘이 모자라요. 〈시사IN〉만 기사를 쓰고 있을 뿐 그 누구도 이 문제에 대해 이야기를 하지 않고 있어요.

　　다음으로는 제 친구이자 라디오 프로그램 진행자인 김어준 씨와 함께 작업을 벌였습니다. tbs 교통방송 〈김어준의 뉴스공장〉에 매주 월요일마다 출연해 당시 〈시사IN〉에 연재 중이었던 MB 프로젝트에 내용들을 떠들어 댔어요. 잠시 들어보겠습니다. (이명박 목소리로 '주진우, 많이 컸네?' 하는 오프닝 멘트가 나오는 〈김어준의 뉴스공장〉 일부분을 들려 주며) 이 목소리는 배칠수 씨가

이명박 성대모사를 한 겁니다. 물론 우리가 떠들어도 다른 언론은 움직이지 않았어요. 하지만 우리가 하도 북 치고 장구 치고 다니다 보니 서서히 물꼬가 터지기 시작했습니다.

　제가 〈시사IN〉에 MB 프로젝트라는 탐사보도 시리즈를 시작한 건 2017년 8월이었는데, 그 첫 기사는 '이명박 청와대 140억 송금 사건'이었습니다. (〈시사IN〉 2017년 8월 26일자) 이 기사로 인해 이명박은 감옥에 갑니다. BBK 사건으로 김경준에게 줬던 돈을 다시 빼앗아 오기 위해 MB 정부의 청와대와 검찰, 외교부가 각각 어떻게 움직였는지를 정부 문건을 입수해 보도한 내용이었죠. 이건 굉장히 중요한 보도였습니다. 지금이야 이런 내용을 모르는 사람이 없게 됐지만, 제가 처음 기사를 쓴 당시만 해도 이걸 받아 주는 언론이 아무 데도 없었어요. 그렇다고 멈출 수는 없었습니다.

그런데, 다스는 누구 겁니까?

그래서 두 번째로 쓴 기사가 '다스는 누구 겁니까?'였어요. (《시사IN》 2017년 9월 23일자) 이 문구는 여러분도 익숙하실 거예요. 제가 듣기로는 '다스는 누구 겁니까?'가 2017년에 가장 유행한 말 4위에 꼽혔다고 하더군요. 이건 다스가 MB 소유 회사라는 걸 입체적으로 밝히려는 기사였어요. 관련 서류는 물론 다스 내부자, 이상은 다스 회장(이명박의 큰형)의 운전기사 증언 등을 통해 다스가 MB 것임을 알리려 했죠. 이 기사가 나간 뒤로도 언론들은 침묵했어요. 그런데 '다스는 누구 겁니까?'가 화제가 된 겁니다. 국회 국정조사에서도 국회의원들이 이 말을 써먹었죠. '그런데, 다스는 누구 겁니까?' 하면서요. 그러자 언론들이 이 내용을 받아주기 시작했어요. 책 나오고, 노래 나오고, 다큐멘터리가 나와도 아무 소리 하지 않던 언론들이 그제서야 여기저기서 MB를 얘기하기 시작했던 거죠.

그 뒤로도 저는 계속해서 MB 프로젝트 기사를 썼습니다. '해외계좌 찾았다'라는 제목이 붙은 MB 프로젝트 3탄(《시사IN》 2017년 11월 12일자)에서는 미국 내 MB의 수상한 돈 거래 흔적을 쫓는 과정에서 홍석현 중앙홀딩스 회장의 계좌가 발견됐다는 내용을 발굴해 보도하기도 했습니다. 이 과정에서 홍 회장이 삼성의 로비스트 역할을 한 게 아니냐는 의혹도 제기했고요. 이에 대해 홍 회장은 '해외에 계좌가 있는 것은 맞지만, MB와는 관련이 없다'고 부인했어요.

MB 프로젝트 4탄(《시사IN》 2017년 12월 16일자)은 다스 이상은 회장과 이명박 전 대통령의 운전기사들로부터 '다스는 MB 것이라고 백 퍼센트 확신한다'라는 증언을 이끌어 냄으로써 MB를 압박한 기사였죠. 이분들이 참여연대가 선정한 '2018 참여연대 의인상'을 받으셨던데요. 가만 보면 제 취재에 도움을 줬다가 직장에서 잘려 실업자로 고생하는 분들이 참 많습니다. 박근혜·최순실 게이트를 추적하는 큰 도움을 줬던 고영태 씨는 지금 감옥에 있죠. 이분들을 생각하면 굉장히 안타깝습니다.

이즈음 또 하나 시도했던 게 팟캐스트 방송 〈다스뵈이다〉였어요. MB를 감옥으로 보내자는 이른바 '환송방송'이었죠. 제가 팟캐스트 진행자로 〈나는 꼼수다〉라는 프로그램에 합류한 게 2011년이었는데, 그 해 전 세계 인기 팟캐스트를 꼽는 조사에서 〈나는 꼼수다〉가 정치·사회 분야 1위를 차지했다고 하더라고요. 많을 때는 1천만 번을 다운로드한 회차도 있었어요. 공중파 텔레비전 뉴스를 포함해 그 어떤 언론보다 더 영향력이 있었죠.

당시 〈나는 꼼수다〉의 영향력이 어느 정도였나 예를 들어 보면요. 국가정보원에는 언론사를 담당하는 직원이 있습니다. 보통 KBS나 MBC, 〈조선일보〉〈동아일보〉 같은 데를 담당하는 직원은 한 명이고요. 그보다 규모가 작은 언론사는 국정원 직원 한 명이 두세 군데를 함께 관리해요. 그런데 〈나는 꼼수다〉를 담당하는 직원은 무려 4~6명이었어요. 2012년 선거 막바지에는 이명박과 겨루던 박근혜 후보도 〈나는 꼼수다〉를 여러 차례 언급했어요. 그 무렵 제가 걸린 소송만 30건쯤 됐어요. 사실 굉장한 압박이 있었습니다. 당시 제가 〈나는 꼼수다〉를 하게 된 계기도 모든 언론이 이명박 얘기를 제대로 다루지 않아서였어요. 〈다스뵈이다〉처럼요.

어쨌거나 모든 노력을 다한 결과 MB가 검찰청 포토라인에 서게 되고, 검찰 수사를 받게 됐습니다. 저도 2017년 12월 참고인 신분으로 조사를 받았습니다. 검찰이 이제부터는 우리가 다스를 조사하겠다기에 제가 갖고 있던 자료들을 분홍색 보따리에 싸들고 검찰청을 찾았습니다. 그런데 나중에 검찰이 쓴 공소장을 보니 제가 〈시사IN〉에 썼던 기사가 거의 그대로 옮겨져 있더라고요. 1심 판결문에도 제가 〈시사IN〉〈김어준의 뉴스공장〉〈다스뵈이다)에서 지적했던 내용 일부분이 적시돼 있었어요. 책 『이명박 추격기』 내용 일부도 나와 있었고요. 참고인 조사를 받으러 검찰에 가서 보니, 담당 검사들이 제가 쓴 기사나 책에 포스트잇을 붙이고 형광펜을 칠해 가며 읽고 있더라고요.

4대강과 자원외교라는 '저수지'

MB는 2018년 3월 결국 구속됩니다. 제가 진행한 탐사보도가 운이 좋았던 거죠. '이때쯤엔 감방에 모셔야 할 텐데'라고 생각한 시점에 실제로 구속이 됐으니까요. MB가 아직 건강할 때 감옥에 가서 죗값을 치르는 모습을 보여 줘야 그것이 역사적 교훈으로 남을 것이라는 생각에 저는 마음이 급했습니다. 박근혜·최순실 국정농단 사건이 어느 정도 마무리된 시점이었던 만큼 이제 남은 것은 MB였으니까요. 검찰도 열심히 수사를 하고, 처음에 방관하던 언론들도 나중에는 경쟁적으로 뛰어들어 MB 비리를 파헤친 덕분에 그 결과가 MB 구속으로 이어질 수 있었어요. 구속영장이 발부된 2018년 3월 22일에는 제가 MB 사저 앞에 직접 배웅을 가기도 했습니다. MB가 측근들과 인사를 마친 뒤 차를 타고 검찰청으로 떠나려 하기에 '한 마디 하셔야죠'라고 소리도 질렀습니다. 그런데 나중에 들으니 누군가 유튜브에 올린 이 영상을 2백만 명 가까이 봤다고 하더라고요.

MB에 대한 1심 판결은 2018년 11월 5일 내려졌습니다. 징역 15년, 벌금 130억 원, 추징금 82억 원을 선고받았죠. 다스와 관련된 범죄로만 이 정도 형을 선고받은 셈입니다. 그런데 다스는 MB가 저지른 크고 작은 범죄 중 일부에 불과합니다. MB는 돈을 벌기 위해 대통령이 된 사람이었어요. 인생이 비즈니스였던 그에게는 정치 또한 비즈니스였죠. 저는 그분이야말로 국민 대신 돈만 생각했던 분이라고 감히 규정할 수 있습니다. 그랬기에 4대강이나 자원외교 같은 말도 안 되는 정책들이 나올 수 있었던 거겠죠.

    4대강 쪽에서는 아직까지 밝혀진 게 거의 없습니다. 자원외교를 한다면서 자갈이나 모래산을 사는 데 쓴 돈만도 50조 원 가까이 된다는데, 여기서 또 무슨 비리가 나올지도 알 수 없어요. 저는 이 중 상당 부분이 MB 측근들의 계좌로, 그러니까 저수지로 흘러갔다고 생각합니다. 그래서 계속 그것을 쫓고 있어요. 제가 MBC〈스트레이트〉제작팀과 함께 MB의 해외 계좌를 추적하는 내용이 얼마 전 전파를 타기도 했는데요. (2018년 11월 25일 방영된 MBC〈스트레이트〉'리밍보의 송금－MB 해외계좌 취재 중간보고' 편을 잠시 보여 주며) 이걸 취재하러 한 달 동안 미국 전역을 돌았습니다. 그 후 스위스와 프랑스에 다녀왔고요. 일주일 집에 들어갔다 다시 일주일은 싱가포르에 가 있었습니다. 앞으로도 저는 MB를 쫓을 겁니다.

그때 언론은 제자리에 있었나

여기까지 저의 'MB 프로젝트'를 간단히 소개했는데요. 콘퍼런스 주제가 '탐사보도와 민주주의'인데, 저는 국제사회와 비교했을 때 한국 사회의 민주주의가 아직 발전하지 못했다는 평가를 받는 데는 언론의 책임이 크다고 생각합니다. 주변을 둘러보세요. 친일에 앞장섰던 언론이 지금도 가장 큰 언론사를 하고 있습니다. 친독재, 반민주, 반민족 행위를 했던 언론사들이 한국에서 제일 잘 나간다는 언론사를 운영하고 있어요.

    이 언론들이 이명박, 박근혜에게 문제가 있다는 걸 몰랐을까요? 전혀 그렇지 않습니다. 박근혜를 취재한 기자라면 누구라도 그분이 자기 생각을 문장으로 제대로 구사하지 못한다는 걸 잘 알고 있었어요. 이명박이 '기·승·전·돈'의 사고를 가졌다는 것도 너무나 잘 알고 있었어요. MB는 무조건 돈이 중요한 사람이었으니까요. 이런 괴물들을 대통령으로 만든 게 언론입니다. 지금이야 모든 언론이 두 사람을 비판하지만 이명박 정부, 박근혜 정부 초기에는 어땠습니까? 그런 의미에서 '언론이 제자리에 있었나' '기자들은 올바른 자리에 있었나' 하는 문제를 우리 사회가 끊임없이 고민해야 할 것 같습니다.

국정농단이 밝혀졌을 때 시민들이 참으로 깨어 있는 모습을 보여 주었어요. 시민들이 깨어 있으면 기자들이 여론의 눈치를 볼 수밖에 없습니다. 반대로 시민들이 깨어 있지 않으면 조중동은 물론이고 JTBC, MBC, KBS 모두 '이명박 시대' '박근혜 시대'로 회귀하게 될 것입니다. 이들에게는 진실이 아니라 자기들의 이익이 더 중요해요. 그러니 여러분도 조금 더 관심을 갖고 언론을 지켜봐 주시기 바랍니다. 깨어 있는 시민만이 민주주의와 탐사보도의 동력이 될 수 있으니까요. 잘못하면 욕도 해주셔야 해요. 이상입니다.

6장.

묻고 답하기

2018년 12월 4일 한국프레스센터에서 열린 '〈시사IN〉 저널리즘 콘퍼런스 2018'에서는 각 패널들의 발표가 끝난 뒤 '청중과의 대화'가 진행됐다. 이 자리에서 오간 질의응답을 정리해 싣는다.

질문 1. 크리스 영 홍콩기자협회장에게 묻겠습니다. 언론 독립이 홍콩뿐 아니라 중국에도 중요하다고 하셨는데, 그게 무슨 의미인가요?

크리스 영. 언론의 역할은 잘못된 것을 보도하고 모니터하는 것입니다. 사건 사고는 일상적으로 벌어집니다. 이를테면 멜라민 분유 파동을 많은 분들이 기억하실 것입니다. 2008년 멜라민으로 오염된 분유가 중국에서 유통돼 영유아 6천여 명이 고통을 겪고, 그중 4명이 사망한 사건입니다. 당시 식품 안전에 대한 규칙이 결여돼 있다는 이유로 더는 중국에서 사업을 하지 않겠다고 선언한 업체도 있었는데요. 애초에 언론이 제 역할을 하지 못했기에 오염된 분유가 유통됐다는 견해도 있었습니다. 정치 체제 그 자체도 문제겠습니다만, 언론이 먹을거리, 환경오염 같은 일상의 문제들을 파헤치고 취재할 수 있어야 이를 시정할 수 있도록 압력도 가할 수 있겠죠. 그런 의미에서 언론 독립이 중국에도 중요하다고 말씀드린 것입니다.

질문 2. 기무라 히데아키 기자에게 질문하겠습니다. 일본에서는 2013년 '특정 비밀 보호에 대한 법률'이 공포되었습니다. 이 법이 시행되면서 일본 언론인들이 위험한 상황 또는 어려운 상황에 처한 일은 없나요?

기무라 히데아키. 이 법이 생기면서 상황이 냉엄해진 것은 사실입니다. 권력자들이 언제, 어떤 방식으로든 발동시킬 수 있는 버튼을 손에 쥐게 된 셈이니까요. 제가 아직까지 실질적인 피해를 입은 적은 없습니다만, 특정 비밀 보호에 대한 법률이 통과된 뒤 내부 고발이 어려워지면서 언론인으로서는 더 유감스러운 상황을 맞게 됐다고 할 수 있습니다.

질문 3. 저도 기무라 히데아키 기자에게 묻겠습니다. 〈와세다 크로니클〉을 비영리기구(NGO)라고 정의하셨는데, 왜 그렇게 정의하게 됐는지 맥락을 설명해 주실 수 있을까요?

기무라 히데아키. 저희는 하나의 보도가 이 세상을 어떤 식으로 바꿀 수 있을지 연결 짓는 일을 중요하게 생각합니다. 이를 강조하기 위해 〈와세다 크로니클〉을 비영리기구라고 부르는 것인데요. 기성 언론이 저널리즘의 원칙이라고 여겨 왔던 '객관성' '중립성' 같은 것들이 오늘날 상당 부분 무너지고 있어요. 이런 변화가 하나의 흐름이 되었다고 저는 생각합니다. 박상규 〈셜록〉 기자의 얘기를 흥미롭게 들었는데, 단순히 보도하고 끝이 아니라 박상규 기자처럼 언론 보도 후 무엇이 변했는지 지켜보는 게 중요하다는 생각이 듭니다. 이처럼 언론도 세상을 바꿔 나가는 데 기여해야 한다는 뜻에서 〈와세다 크로니클〉을 비영리기구로 정의하게 됐습니다. 한편으로는 기성 언론과 작별하고 싶다는 의미도 있습니다. 기성 미디어와 같은 취급을 받고 싶지 않다는 걸 명확하게 말하고 싶은 거죠. 주진우 〈시사IN〉 기자가 (여담으로) 젊은 청중들에게 기자가 되고 싶다면 다시 한 번 생각해 봐라, 특히 기성 언론에는 웬만하면 취업하지 말라고 얘기하던데, 실은 저도 같은 심정입니다.

질문 4. 비영리기구 형태로 언론매체를 운영하려면 자금 면에서 많은 문제가 생길 거라는 생각이 듭니다. 그럼에도 불구하고 저널리즘의 질을 지켜 나가기 위해서는 어떤 노력을 해야 할까요?

기무라 히데아키. 여러 선배 기자들 앞에서 제가 이런 말씀을 드리기는 송구하지만, 일차적으로 사실 확인을 철저하게 하는 수밖에 없을 것 같습니다. 어제도 기사 하나를 보류시켰습니다. 취재가 미미해 보완하기로 한 거죠. 〈와세다 크로니클〉에 한국인 스태프가 있다고 말씀드렸는데, 이 때문에 이 스태프와 다른 사람들도 휴가도 못낸 채 열심히 일하고 있습니다.

질문 5. 박상규 〈셜록〉 기자에게 묻겠습니다. 〈셜록〉 매체를 창간하기 전에는 취재한 기사를 어떻게 보도하셨나요?

박상규. 〈셜록〉을 창간하기 전에는 주로 카카오 스토리펀딩에 기사를 공개했습니다. 스토리펀딩을 이용해도 기사를 보도하고 유통하는 데 큰 문제는 없었습니다. 포털사이트를 플랫폼으로 활용하다 보니 일반 언론사보다 오히려 더 큰 영향력을 발휘할 수 있지 않았나 싶어요.

질문 6. 기자 지망생이자 '왓슨'(〈셜록〉을 유료로 후원하는 회원)입니다. 그간 취재원에게 중립적이고 객관적인 거리를 유지하는 게 기자의 덕목이라고 배워왔습니다. 그런데 박상규 기자는 이와 달리 취재원과 끝까지 함께 간다는 자세를 취하고 있어요. 페이스북 등에도 '나는 취재원과 한배를 탄다'고 밝히고 있고요. 그럴 경우 감당해야 할 리스크가 있지 않나요? 만약 리스크가 있다면, 그럼에도 불구하고 취재원과 끝까지 함께한다는 원칙을 지키게 하는 힘은 어디에서 나오는 건가요?

^{박상규}. 리스크는 한 가지입니다. 제가 취재했던 분들은 대부분 가난합니다. 제가 살림을 챙겨드려야 합니다. 그래서 돈이 많이 나간다는 게 유일한 리스크입니다. 질문하신 분이 지적하신 중립성과 객관성은 기자에게 물론 중요하죠. 그러나 공정함이 기자의 목적은 아닐 것입니다. 공정함은 진실에 다가가기 위한 수단일 뿐이죠. 기자의 목적은 진실을 밝히는 것입니다. 다시 말해 제가 취재한 사람이 억울한 누명을 썼다고 판단됐을 때 중요한 것은 중립성이나 객관성이 아니라 취재원이 억울함을 벗고 자존감을 회복하는 일입니다. 그것이 탐사보도 그리고 저널리스트가 해야 할 일이라고 저는 생각합니다.

질문 7. 주진우 〈시사IN〉 기자에게 묻겠습니다. 오프닝 강연 때 손석희 JTBC 대표이사가 '기자는 괴물이 아니라 사람이다' '보통 사람으로서 공포심을 느낀다'고 말씀하셨습니다. 주 기자도 MB 프로젝트를 취재하는 동안 힘든 일을 많이 겪고 협박 위협도 당하셨을 것 같은데, 그럼에도 불구하고 취재를 끝까지 끌고 갈 수 있었던 데는 어떤 신념이 작용했던 건가요?

^{주진우}. 신념요? 그런 건 없었고요. 기자여서 한 겁니다. (웃음) 기자니까 그냥 하는 거죠. MB 비자금을 쫓다 보면 미행이나 감시를 당하곤 합니다. 외국에 취재를 갔을 때는 특별히 더 그렇죠. 김어

준 씨는 호텔방에서도 가방을 쇠사슬로 묶어 놓습니다. 저도 침대 매트를 출입문 쪽으로 옮겨서 잠을 잔 적도 있습니다. 언제, 무슨 일이 생길지 모르니까요. 홍콩에 가야겠다 싶을 때는 홍콩뿐 아니라 싱가포르나 도쿄행 비행기를 함께 끊어 놓기도 합니다. 미행자들을 교란시키려고요. 그런데도 공항에 내리면 누군가 저를 기다리고 있어요. 그 사람을 호텔 로비나 움직이는 동선에서 계속 마주치다 보면 무서워집니다. 저도 사람이니까요. 그러면서 한편으로는 안도하기도 해요. '아, 그래도 내가 맞는 방향으로 움직이고 있나 보다' 싶어서요. 지금은 그나마 상황이 나아졌는데, 2011년 즈음에는 위협을 너무 크게 느껴 유서를 써놓고 다녔습니다. 이러다 내가 잘못된들 그 또한 역사의 한 부분으로 남겠거니 생각하면서요.

질문 8. 저는 기자를 지망하는 학생입니다. 이명박 전 대통령 같은 거대한 사람과 싸우다 보면 기자로서 존경을 받기도 하겠지만, 한편으로는 자신의 네임밸류(명성)가 높아지는 측면도 있지 않나요? 물론 우리 주변에 박근혜·최순실 스캔들 같은 사건이 넘쳐나는 게 현실이긴 합니다. 그래도 언론이 이런 거대 이슈만 쫓다 보면 지방에서 생기는 문제들이나 '작은' 일은 사소하게 취급되어 이슈화 되지 않고 묻혀 버리는 측면도 있는 것 같습니다. 기자로서 이런 부분에 대해서도 고민하는 바가 있는지 궁금합니다.

주진우. (한숨 내쉬며) 하, 저도 좀 살아야 합니다. (웃음) 저는 제게 주어진 시간을 한정적으로 써야 합니다. 물론 지방 이슈가 중요하지 않다고 생각하는 건 결코 아닙니다. 이를테면 A라는 지역에 홍수가 나면 B 지역 군수가 A 지역 군수에게 축하한다고 전화를 건다고 해요. 수해를 입게 되면 중앙에서 보조금이 나오고, 그

걸 토목업자 등 지방 토호끼리 나눠먹는 구조가 뿌리 깊게 고착돼 있기 때문입니다. 이건 정말 구조적인 문제죠. 하지만 이런 문제들을 감시하려면 그 안에 사는 사람들, 특히 지역 언론이 제 역할을 해주어야 할 것 같습니다. 제게 주어진 시간과 지면이 한정돼 있다 보니 저는 눈앞에 보이는 바퀴벌레 중 큰놈부터 잡으러 달려들 수밖에 없어요. 사실 제게 제보 전화나 이메일이 많이 오는데, 안타깝지만 다 응대할 수 없는 게 현실이에요.

    네임밸류 얘기도 하셨는데, 제가 네임밸류를 높이기 위해 MB와 싸운 건 아니었고요. 저도 제가 이렇게 될 줄 몰랐어요. 저는 이렇게 사는 삶을 원치 않았습니다. 학창 시절 저는 교실 맨 뒷자리에 앉아 하염없이 창밖만 바라보는 말없는 학생이었어요. 그랬던 제가 어쩌다 이렇게 마이크를 잡고 청중 앞에 서게 됐는지, 저도 잘 모르겠어요. (웃음) 지금은 얼굴이 너무 알려져 아무 데서나 사람을 만나기도 어려워졌어요. 그래도 제게 주어진 일을 잊지 않으려 합니다. 주간지 〈시사IN〉 기자로서 지금 제게 주어진 지면을 통해 어떤 내용을 사람들에게 알릴 수 있을까, 늘 고민합니다. 저는 세상에 많고 많은 악 중에서도 MB처럼 크고 중요한, 구조적인 악을 파헤치고 잡아들여야 한다고 생각하는 사람입니다. 이 땅을 돈으로 망가뜨리고 있는 삼성도 마찬가지고요. 그러니 저는 '이명박' '박정희·박근혜' '삼성' '조선일보', 이것만 할 수 있게 여러분이 좀 봐주세요. 저는 우리 사회를 지배해온 수구 기득권 세력, 친일·반민족·반통일 세력의 해악을 추적하는 데 집중하고 싶습니다. 재벌이나 사법부를 포함해서요. 그런 의미에서 탐사보도는 결국 선택과 집중의 문제인 것 같습니다.

2부.

언론도하: 아시아

아시아는 언론의 무덤이다. 권력은 언론인의 입에 재갈을 물렸고, 언론은 본연의 기능을 잃었다. 실제로 죽어간 언론인도 부지기수다. 그럼에도 불구하고 진흙 속에서 분투하는 언론과 언론인은 엄존한다. 2부는 임지영·장일호·김동인 〈시사IN〉 기자가 그 현장을 찾아가 취재한 기록이다.

1장.

타이완〈보도자〉, 언론 불신의 자장 안에서 탈출을 꿈꾸다

〈보도자〉(保導者, The Reporter)

설립. 2015년 9월 1일.
규모. 편집국 26명(취재기자 10명, 편집기자 4명, 사진기자 3명, 엔지니어 5명, 디자이너 4명) 및 프리랜서 기자 1백여 명과 협업한다.
출판 방식. 웹사이트(www.twreporter.org) 및 취재 결과물을 책으로 발간하는데, 『혈루어장』(血淚漁場, 2017), 『폐허소년』(廢墟少年, 2018) 등이 있다.
운영 방식. 비영리 재단인 보도자 문화재단(The Reporter Cultural Foundation)이 운영한다. 정기후원자(월간)는 약 1,500명이고, 가명으로 기부할 수 없고 100만 타이완달러(약 3,500만 원) 이상 대규모 기부금을 받을 때는 재단이사회 심사를 거친다.
수상 이력. 2017 아시아출판인협회(The Society of Publishers in Asia, SOFA) '혈루어장' 시리즈로 인권보도·인포그래픽·탐사보도 분야 수상, 2017 제21회 인권언론상(Human Rights Press Awards) 등.

국경없는기자회는 2017년 7월 18일 최초의 아시아 사무소를 타이완에 세웠다. 정권에 따라 언론 자유도가 부침을 겪는 한국과 달리, 타이완은 2000년 이후 언론자유지수를 집계하면 늘 30~50위

〈보도자〉 편집국에 모인 기자와 직원들.

권 안에 머물며 '아시아 1위'를 지켜 왔다. 타이완이야말로 '탐사보도와 아시아 민주주의'의 모범 사례가 될 수 있지 않을까.

예상은 보기 좋게 빗나갔다. 현지 취재에 앞서 타이완 내 한국 유학생, 교수, 언론인 등에게 자문했다. "한마디로 '핵엉망'입니다." 표현 방법이 달랐을 뿐, 긍정적인 평가는 단 한마디도 없었다. 현지에서 통역을 도와준 타이완 인터넷 매체 〈ET today〉의 나익성 기자는 이렇게 말했다. "여기도 한국의 '기레기'와 비슷한 말이 있어요. '어릴 때 공부 안 하면 커서 기자 된다'(小時不讀書, 長大當記者)고 해요."

공부 안 하면 커서 기자 된다

타이완은 1987년 7월 15일 이전까지 40년 가까이 계엄 상태였다. 전 세계 통틀어 최장 기간의 계엄령이 해제된 후 정당 설립 금지와 신문 발행 규제가 풀렸고, 현재까지도 중장년층으로부터 신뢰받는 주간지들(〈천하잡지〉(天下雜誌)〈금주간〉(今周刊)〈상업주간〉(商業週刊)) 역시 이 시기에 창간됐다. 그러나 표현의 자유가 제도적으로 보장됐다고 해서 편집권 독립이나 정치로부터의 자율성이 저절로 따라오는 건 아니었다. 타이완 언론들은 공정성 대신 상업성을 선택했다. 양첸하오(楊虔豪) BBC 중국어판 객원기자는 "타이완 언론사들은 언론의 자유를 언론사의 자유로 오해하는 경향이 강합니다. 선거 기간에 정당이나 정부 관계자가 신문 지면이나 방송편성 시간을 '구입'하는 일종의 PPL은 관행이고, 사건 사고 보도에 최소한의 모자이크도 없는 선정적 보도에 사활을 걸기도 합니다. 사회적·공적 책임에 소홀합니다"라고 말했다. 높은 언론자유지수가 언론의 질까지는 담보하지 못했다.

통제받지 않는 언론 자유에 제동을 건 집단은 학생들이었다. 2013년 7월 타이완 내 대학 동아리 30여 개는 '반 언론괴수 청년연맹'을 결성했고, 이는 이듬해 3월 18일 이른바 '해바라기 학생운동'이 일어난 발판이 됐다. 당시 학생들은 입법원을 한 달여 간 점거했는데, 이러한 움직임은 2016년 국민당에서 민정당으로 8년 만의 정권교체에 힘을 실어준 것으로 평가받는다. 그러나 언론만은 쉽게 변하지 않았다.

2015년 9월 1일 기자의 날에 창간한 〈보도자〉는 타이완에 만연한 언론 불신의 자장 안에서 탈출하려는 매체다. 리셰리(李雪莉) 〈보도자〉 편집국장은 타이완 언론이 처한 상황을 비관하지도 포기하지도 않았다. "저는 아직 '가장 나쁜 상황'을 경험하지 않았습니다. 특정 보도를 이유로 잡혀가지도 죽지도 않았으니까요. 물론 타이완 언론은 정치적으로, 상업적으로 많은 간섭을 받고 있습니다. 하지만 전 세계 언론이 처한 상황을 죽 늘어 놓고 봤을 때 타이완이 특별히 엉망이라거나 나쁘다고는 할 수 없어요."

기자 경력 20년차인 리셰리 편집국장은 주간지 〈천하잡지〉에 몸담고 있던 2010~2012년 베이징 특파원으로 일했다. "베이징에 머무르는 동안 타이완의 가장 중요한 자산이 무엇인지 깨달았습니다. 바로 민주주의와 언론 자유입니다"(이하 특별히 언급이 없는 인용은 리셰리 편집국장의 말이다.) 언론이 저평가받는 시대에 언론에 사명감을 가진 사람들이 할 수 있는 일이 무엇인지 고민을 거듭했다. 2~3년차의 젊은 동료 기자들이 떠나고 있었다. 타이완 최고 대학을 나온 엘리트들이었다. 붙잡아도 봤지만, 보람 대신 '기레기'라는 모멸과 체념을 학습한 이들에게 머물기를 요구할 수는 없었다.

"원래 개혁이 더 어렵습니다. 저 역시 이른바 주류 매체에서 오래 일했지만, 그 안에서 개혁을 하려고 하면 어려움을 겪습니다. 광고에 의존하는 매체에서는 시간과 자원이 필요한 탐사보도를 하기 힘들어요. 주류 매체에 좋은 기자가 없다는 게 아닙니다. 생존하기 위해서는 비즈니스에 의존할 수밖에 없는 거죠. 그 조건에서는 언론 가치에 대한 회의를 느낄 수밖에 없어요."

편집권을 보호하기 위한 세 가지 원칙

새로운 매체에 대한 생각을 키워 가던 중 선배 언론인 허룽신(何榮幸)으로부터 '광고 없는' 탐사보도 전문 미디어를 만들어 보자는 제안을 받았다. 비영리 재단을 설립하는 방식이었다. 재단 설립 계획을 듣고 큰손들도 합류했다. 대표적으로 타이완 최대 컴퓨터 하드웨어 제조업체인 에이수스 창립자 중 한 명인 퉁쯔셴(童子賢)이 힘을 보탰다. 그는 다큐멘터리 제작, 서점 운영 등 문화예술계에 후원을 아끼지 않는 기업인 중 한 명이다.

"〈보도자〉를 초기에 세팅한 사람들은 모두 주류 매체 출신이고, 주류 매체의 광고 비즈니스가 저널리즘을 어떻게 망치는지 누구보다 잘 아는 사람들이기도 했습니다." 이들이 만든 '보도자 문화재단'은 타이완 최초로 언론사를 운영하는 비영리 재단으로 등록됐다.

보도자 문화재단에는 편집권을 보호하기 위한 세 가지 원칙이 있다. 기부자는 후원을 철회할 수 없으며 기사와 편집에 간섭할 수 없다. 기자는 특정 정당에 가입하거나 정치인의 후원을 받아서는 안 된다. 100만 타이완달러(약 3,500만 원) 이상의 후원금을 받을 경우 이사회는 별도의 심의위원회를 꾸려 심사해야 한다. 3타이완달러(100원)도 가명으로 기부할 수 없다. 특히 기업 후원은 〈보도자〉의 가치를 훼손하지 않을지를 면밀히 따지고, 실제 기부를 거절할 수도 있다. 물론 모든 내역은 웹사이트를 통해 공개해야 한다.

저널리즘의 가치를 복원하려는 분투에 독자도 움직였다. 〈보도자〉는 2017년부터 독자 후원을 받고 있다. 후원 독자는 월 1,000타이완달러(약 3만 5,000원) 이상을 약정할 수 있고 〈보도자〉로부터 매년 실적 보고서와 〈보도자〉가 출간하는 책 등을 제공받는다. 2017년 400명이던 독자 후원은 2018년 기준 1,500명으로 늘었다. "지난 3년간 우리는 살아남을 수 없겠다는 생각을 하기도 했지만, 오히려 지금은 우리가 보여준 탐사보도 가능성 덕분에 다음 3년을 계획할 수 있게 됐습니다." 물론 아직까지 독자 후원에 전적으로 기댈 수 있는 수준은 아니다. 시민들 역시 언론사에 후원한다는 개념을 여전히 낯설어한다. 온라인 콘텐츠가 무료라는 생각이 널리 퍼져 있기는 타이완도 마찬가지다.

그러나 〈보도자〉는 '저널리즘의 질'로 승부를 걸고자 한다. 대학과 연계해 저널리즘 강의를 열고, 이슈가 있을 때마다 비정기적으로 카페 살롱을 통해 오프라인에서 독자와 만나 접촉면을 늘린다. 행사가 열리는 카페는 〈보도자〉의 가치에 공감해 강연장을 무료로 대관해 주고 있다. "최근 어느 때보다 '공공 정신'에 대해 많은 생각을 합니다. 우리 사회에서 무슨 일이 일어나는지, 대중의 관심도가 점점 높아지고 있다는 게 느껴져요. 그런 문화를 조성하는 데 〈보도자〉가 역할을 하고 싶고요. 기자들은 강연장에서 자신이 아는 모든 것을 이야기하는 걸 원칙으로 합니다. 우리 매체가 후원금으로 운영되기 때문에 우리의 보도는 공유와 개방에서 출발해야 합니다. 돈을 받는 강연이나 활동, 이벤트는 이미 많이 있어요. 〈보도자〉가 모든 행사를 무료로 진행하는 건 우리의 가치를 지지한다면 후원할 수 있도록 여지를 남겨 두는 거죠."

'섞여서' 일할 때 시너지가 난다

2018년 10월 11일 방문한 〈보도자〉 편집국은 공간 구분 없이 하나로 크게 트여 있었다. 길쭉한 테이블 서너 개가 공간 중심에 자리해 언제든 회의가 가능한 구조로 배치되었고, 기자와 엔지니어, 디자이너 들이 구분 없이 앉아 있었다. 창가를 따라 붙여둔 책상에도 파티션은 따로 없었다. 리셰리 편집국장의 자리도 그중 하나다. 복층 구조로 된 사무실은 층고가 높아 시원해 보였다. 복층에 별도의 회의실과 편집국장실이 마련돼 있지만, 특별한 경우가 아니면 사용하지 않는다. 섞여서 일할 때 시너지가 나기 때문이다. 〈보도자〉는 전통적인 뉴스룸에 의존하지 않는다. 사회·문화·정치 등으로 팀이 구분되지 않는다는 의미다. "기자 개인이 어떤 이슈를 중요하게 여기는지, 무엇을 궁금해하는지가 가장 중요합니다. 그 이슈별로 팀을 나눕니다. 인권팀·환경팀·빈곤팀·성평등팀… 이름은 붙이기 나름이죠. 여기에 그때그때 프로젝트 매니저

〈보도자〉 편집국은 공간 구분 없이 하나로 크게 트여 있다.

(Project Manager, PM)를 세우고, PM은 기자·엔지니어·디자이너를 조율하는 역할을 합니다."

　2018년 10월 21일 타이완 동부 이란 현에서 발생한 열차 탈선 사고와 같은 속보를 전할 때도 속도보다는 정확성을 염두에 뒀다. 현안을 주시하고 있지만, 다른 매체도 하는 현안 취재에 매몰되지 않으려 한다. 프리랜서 기자(취재·사진 포함) 1백여 명의 풀을 가지고 있으며, 그중 특히 10여 명과 긴밀하게 협력한다. 내·외부를 넘나드는 팀이 구성되면 취재 시간은 최소 50일 이상 보장하며, 기자들은 PM의 조율 아래 3~4꼭지의 기사를 생산한다. 기획 단계에서부터 디지털 스토리텔링을 어떤 방식으로 선보일지 함께 논의한다.

　〈보도자〉 홈페이지에 올라오는 기사는 양으로 승부하지 않는다. 업데이트가 잦지 않다. 취재팀 3~4개가 돌아가면서 깊이를 보여 주는 데 중점을 둔다. 기사 발행 후 기자는 자신이 쓴 기사가 얼마나 읽혔는지 (조회 수를) 알 수 없다. 기자의 자율성과 독립성을 보장하기 위한 조치로 〈보도자〉 창간 때부터 정한 원칙이다. 보도 후 큰 반향이 있었던 기사들은 책으로 엮는다. 책이 나오면 취재기자들은 카페 살롱을 열어 후원 독자를 초대하고, 후원 독자는 책을 통해 손에 쥐는 결과물을 확인할 수 있다.

"〈보도자〉의 기자들은 젊습니다. 이곳에서 기자를 시작한 친구들에 대한 우려도 있었죠. 흔히 탐사보도는 경험이 필요한 영역이라고 생각하니까요. 저 역시 그런 편견이 있었습니다. 그러나 제가 지난 2~3년간 우리의 경험에서 얻은 건 경험이나 효율보다 열정이 더 중요하다는 점이었습니다." 〈보도자〉는 창간 8개월 만에 '혈루어장' 시리즈 기사로 아시아출판인협회가 수여하는 상 중 3개 분야(인권보도·인포그래픽·탐사보도)를 석권했다. 바다 위 선박은 식민지와 다름없었다. '혈루어장' 시리즈는 인도네시아 언론사 〈템포〉와 협업한 결과물로, 타이완 선박회사가 다국적 기업과 연계해 행하고 있는 어업 노동자에 대한 비윤리적·반인권적 실태를 폭로했다. 보도 이후 타이완 정부는 대국민 사과와 함께 재발 방지 대책을 발표했다. 〈보도자〉는 이 보도를 통해 중화권 매체 중에서는 처음으로 글로벌탐사저널리즘네트워크(GIJN)에 가입할 수 있었다. 2017년 11월 보도된 '폐허소년'(廢墟少年) 시리즈 기사 역시 타이완 내 탐사보도상을 휩쓸었다. '폐허소년' 시리즈는 사회 관계망에 잡히지 않는 빈곤 가정 청소년을 다각도로 드러냄으로써 정부의 정책 변화를 요구한다. 기사는 2018년 9월 책으로 묶여 나왔고, 〈보도자〉는 여섯 차례 북 콘서트를 기획해 '폐허소년'의 현실을 다시 한 번 알리고 있다.

"다소 단순화해서 말한다면, 과거에는 언론이 독자를 바보라고 생각했습니다. 저 역시 쉽게 쓸 것을 훈련받았고요. 하지만 대중매체라는 개념은 점점 사라지고 있습니다. 지식인은 물론이고 일반 시민들도 뉴스를 일방적으로 수용하기보다 자기가 원하는 매체를 선택하는 시대가 됐습니다. 〈보도자〉는 이 시대에 적합한 미디어란 무엇인지, 저널리즘의 본질을 잃지 않으면서 이를 어떻게 구현해 내는지를 보여 주는 매체가 되려고 합니다. 우리의 행보가 지속 가능한지 도전하는 중입니다."

타이완 저널리스트가 벌인 어떤 도전
주리시 타이완 국립정치대학 교수

작은 캐리어와 함께 도착한 백발의 신사가 유창한 한국어로 인사를 건넸다. 타이완 남부 가오슝 시에서 한국의 광주 민주화운동 관계자들을 1박 2일간 안내하고 돌아오는 길이라고 했다. 2018년 10월 10일 타이베이 시 한 호텔 커피숍에서 기자와 만난 주리시(朱立熙) 타이완 국립정치대학 교수는 1987년 타이완 〈연합보〉 서울특파원 겸 부사장으로 일하면서 한국 민주화운동을 취재했던 한국통이다. 그가 자리에 앉자마자 지갑에서 무언가를 주섬주섬 꺼냈다. '독도 명예주민증'을 보여 주기 위해서였다. "타이완 민주주의 상황이 계속 악화되고 나중에 정 갈 데 없으면 독도로 갈 거예요."

주리시 교수는 〈연합보〉〈중국시보〉를 거쳐 〈타이베이타임스〉 총편집인을 역임하고 2004년 타이완 공영방송 CTS(중화방송공사, Chinese Television System) 부사장에 취임했다. 취임 한 달여 만에 주리시 교수는 타이완 언론사에 전무후무한 개혁을 단행했다. "엘리베이터를 기다리고 있는데 촬영기자 한 명이 와서 그래요. '저는 집에 있는 텔레비전에 케이블 뉴스 채널은 물론 CTS까지 볼 수 없게 막았습니다. 선정적인 뉴스들을 아이들이 볼까 두려워요.' 평소에 갖고 있던 언론에 대한 문제의식을 내가 이 자리에 있는 동안, 내가 속한 매체에서라도 풀어야겠다 싶었어요."

2004년 9월 28일 주리시 교수가 작성하고 당일 저녁 뉴스에서 발표된 'CTS 뉴스 자율·정화 선언'은 다음과 같은 내용을 담고 있다. 취재를 이유로 환자의 응급조치를 방해하지 않는다, 유죄 판결 전까지 용의자의 얼굴은 방송하지 않는다, 교통사고와 자살 현장은 촬영하지 않는다, 공익에 무관한 가정사는 취재하지 않는다, 미신을 조장하는 뉴스를 보도하지 않는다, 보도가 잘못된 경우 정정 보도하고 사과한다 등이다.

지극히 상식적인 보도윤리 강령은 발표 직후부터 도전에 직면해야 했다. 시민사회 일각의 지지도 있었지만 동종업계에서 비난이 쇄도했다. CTS의 뉴스 자율·정화 선언이 취재의 자유와 시민의 알 권리를 침해한다는 이유였다. 타사 경찰 출입기자들은 경찰이 CTS에 정보를 제공하지 말 것을 종용했고, 그 결과 실제 낙종하는 일도 생겼다. 주리시 교수는 채 1년을 채우지 못하고 CTS 부사장직에서 물러나야 했다. "저는 실패한 사람이에요. 결국 아무것도 바꾸지 못했거든요. 기자들이 응급실이나 장례식장에서 '가족이 죽어서 많이 슬픈가?' 같은 질문을 아직도 한단 말입니다. 환자들의 프라이버시는 안중에도 없어요. 병원은 새로운 약이나 치료법을 홍보하기 위해 기자들의 행동을 눈감아요. 괴물이 따로 없습니다."

2007년 공개된 단편 다큐멘터리 〈각미미〉(脚尾米)는 타이완 언론 현실을 보여 주는 대표 사례다. 홍콩과 마카오 출신 타이완 유학생 3명은 다큐멘터리 촬영을 진행하며 두 가지 실험을 시도한다. 이들은 '자신이 키우던 애완견이 죽었는데 영혼으로 돌아왔다'는 내용의 보도자료를 7개 언론사에 뿌렸다. 한 언론사가 검증 없이 받아썼다. '인터넷에서 행운을 판매한다'는 내용의 보도자료는 3개 언론사가 취재 요청을 해왔으며 '최근 행운을 사는 사람이 점점 많아지고 있다' 따위 코멘트와 함께 보도되기도 했다. 다큐멘터리는 가짜 뉴스가 보도되는 과정을 여과 없이 보여 주며 타이완 사회에 논란을 불러일으켰다. 학생들은 명예훼손 소송 위협을 받았지만 검증 없이 보도한 방송국은 아무런 법적 제재 조치도 받지 않았다. 주리시 교수는 "이런 보도들이 수십 년간 누적되다 보니 아무도 뉴스를 믿지 않게 됩니다. 뉴스가 오락거리로 전락했어요"라고 말했다.

양안(兩岸) 관계에 놓인 중국 자본의 직간접적인 간섭 역시 타이완 언론계를 흔드는 주요 변수다. 주리시 교수는 "중국 자본이 공격적으로 타이완 언론을 인수하는 움직임이 몇 년 전부터 눈에 띕니다. 여론전으로 타이완 독립파를 고립시키려는 것으로 보여요"라며 우려를 표했다.

'하나의 중국' 정책을 펴고 있는 중국은 타이완을 중국의 일부로 여긴다. 중국과 수교를 맺기 원하는 국가는 타이완과 외교 관계를 끊어야 한다. 2018년 기준으로 타이완과 수교를 맺고 있는 국가는 17개국에 불과해 사실상 외교적으로도 고립된 상태다. 타이완은 올림픽 등 국제대회에 출전할 때도 국호와 국기를 쓰지 못한다. 같은 해 10월 20일 타이베이 시 민진당사 앞에는 타이완 독립 추진 단체 회원 13만 명(주최 측 추산)이 운집해 차이잉원 총통의 대중국 정책에 불만을 표시하는 시위를 열었다.

시민사회가 '타이완 팩트체크센터'를 꾸린 이유

가짜 뉴스(허위 정보)는 민주주의를 방해한다. 불필요한 사회적 갈등을 유발하고, 여론을 왜곡시킨다. 2018년 11월 24일 지방선거를 앞둔 타이완도 가짜 뉴스 몸살을 앓고 있다. 타이완 지방선거는 시장 및 시의원 등 9개 분야 공직자를 한 번에 선출해 '구합일'(九合一) 선거로 불린다. 유권자 약 1,800만 명이 모두 1만 1,130명에 달하는 공직자를 선출하는 대형 정치 이벤트다. 같은 날 탈원전 폐지 여부·동성혼 합법화를 포함해 모두 10개 안에 대한 국민투표도 동시 실시된다.

타이완 시민사회는 2018년 7월 가짜 뉴스를 감시하는 '타이완 팩트체크센터'를 꾸리고 대응에 나섰다. 선거를 앞두고 좀 더 전문적으로 뉴스를 검증할 필요가 높아졌기 때문이다. 타이완 팩트체크센터 황자우훼이(黃兆徽) 편집국장은 타이완 공영방송 PTS(Public Television Service) 앵커 출신으로 타이완 대학 신문방송대학원 교수를 역임하고 있다. "타이완 주류 미디어는 선정성이 강하고 때로는 매체 스스로 가짜 뉴스의 전달자 노릇을 합니다. 정치 성향에 따라 친중국/반중국 극단으로 나뉜 언론에서는 최소한의 중립을 지키려는 노력 역시 보기 어렵습니다. 특정 매체나 기자를 망신 주려는 게 아니라 공론장을 건강하게 만들기 위해서라도 개입이 필요하다는 시민사회의 공감대가 있었습니다." 양안 관계 관련 뉴스 외에도 동성혼·탈원전 이슈 등 여론을 달구는 뉴스들이 타이완 팩트체크센터의 주요 감시 대상이다.

타이완 팩트체크센터는 정루이청(鄭瑞城) 전 교육장관을 위원장으로 전문가 8명으로 구성된 자문위원회를 최고 의사결정기구로 두고 사실 확인에 대한 전문적 조언을 받는다. 정부 지원은 일절 받지 않는 것을 원칙으로 했다. 2018년 11월 현재 황자우훼이 편집국장과 기자 출신 황훙위(黃泓瑜), 언론학 석사과정을 밟고 있는 류루이징(劉芮菁) 두 편집자가 팩트체크를 전담한다. 세 사람은 자원활동가 지원자를 대상으로 미디어 리터러시 교육도 담당하고 있다. 타이완 팩트체크센터는 전 세계 56개국 225명의 팩트체커가 가입된 국제팩트체킹연대(International Fact Checking Network, IFCN)에 2018년 11월 2일 57번째로 가입됐다.

2장.

일본 〈와세다 크로니클〉, 두 일본 기자의 실험 '저널리즘 NGO'

〈와세다 크로니클〉(ワセダクロニクル)

설립. **2017년 2월.**
규모. 편집국 2명(편집장, 취재기자) 및 파트타임 기자 10여 명과 협업한다.
출판 방식. 웹사이트(www.wasedachronicle.org).
운영 방식. 정기후원자 약 100명.
수상 이력. '판매된 기사' 시리즈로 2017 프리프레스 어워드 (Freedom of Press Award, Supporter of the Free Press) 언론의 자유 추진상, '강제불임' 시리즈로 2018 빈곤 저널리즘 대상(The Grand Prize in Poverty Journalism in 2018) 등.

2015년 여름, 두 기자가 〈시사IN〉 사무실을 찾았다. 일본 〈아사히신문〉의 후쿠시마 원전 폭발 사고 특별 탐사보도팀 '프로메테우스의 덫'에서 활약해온 와타나베 마코토 기자와 기무라 히데아키 기자였다.

일본 주류 미디어 가운데 그나마 개혁적인 목소리를 내는 매체에 소속되어 있었지만, 성역 없는 탐사보도를 하기에는 한계가 있었다. 와타나베 기자는 "제약회사 관련 기사를 준비했는데 윗선이 광고가 끊길 거라며 기사를 막았습니다"라고 말했다. 와타나베·기무라 콤비는 2016년에 사표를 던지고 새로운 미디어를

왼쪽부터 와타나베 마코토 〈와세다 크로니클〉 편집장, 하나다 다쓰로 와세다 대학 교수, 기무라 히데아키 기자.

만들기 위해 의기투합한다. 2017년 2월, 두 기자의 노력으로 웹 기반 미디어 〈와세다 크로니클〉이 탄생했다.

"우리는 미디어가 아닌 저널리즘 NGO를 표방합니다." 〈와세다 크로니클〉 편집장을 맡은 와타나베는 〈와세다 크로니클〉이 시민의 후원을 바탕으로 운영되는 NGO에 가깝다고 설명했다. 상업 미디어와는 완전히 다른 운영 방식을 채택함으로써 권력으로부터 자유로운 언론 활동이 가능해졌다.

첫 보도 '판매된 기사'로 일본 최대 뉴스통신사 〈교도통신〉이 제약회사로부터 지원받은 기사를 배포했다는 의혹을 제기했다. 2018년 11월에는 일본 기업이 개발도상국인 인도네시아에 환경문제를 일으키는 석탄화력발전소를 짓는 문제를 뒤쫓고 있다. 이 취재는 한국 〈뉴스타파〉, 인도네시아 〈템포〉와 협업해 진행 중이다.

신생 미디어 초기 안착에 성공한 〈시사IN〉이나 〈뉴스타파〉와 달리, 일본 사회에서는 아직 '대안 탐사보도 미디어'에 대한 수

요가 크지 않다. 그럼에도 이들은 "주류 미디어도 경영 환경이 악화되면서 탐사보도를 시도하기 점점 어려워지고 있어요. 포털 기반(야후재팬) 미디어도 스스로 취재할 수 있는 능력은 없는 상황입니다. 앞으로 언론 환경이 더 나빠질 수 있지만, 우리는 오히려 기회라 여깁니다"라고 말했다.

이들의 미디어 설립을 지원하며 지켜본 하나다 다쓰로(花田達朗) 와세다 대학 교수는 "기성 미디어는 산업적으로나 콘텐츠 측면으로나 미래가 없습니다. 20세기 매스미디어는 수명이 다했습니다. 그래서 이들의 실험이 중요해요"라고 말했다. 기무라 히데아키는 2018년 5월 전 직장인 〈아사히신문〉을 상대로 소송을 제기한 상태다. 자신이 쓴 원전 관련 기사를 합리적인 이유 없이 막았다는 이유다.

그가 쓴 책 『관저의 100시간』은 한국에서도 화제를 모았다. 후쿠시마 원전 폭발 직후 100시간 동안 일본 총리 관저에서 어떤 일이 벌어졌는지 추적한 논픽션이다. 세월호 참사 이후 한국 정부의 대응을 떠올리게 한다.

주류 언론에 맞선 기자들을 만나다

"영화 〈공범자들〉을 흥미롭게 봤습니다." 약속이나 한 듯 일본에서 만난 기자들은 하나같이 최승호 감독이 만든 다큐멘터리 영화 〈공범자들〉을 언급했다. 이명박·박근혜 정부를 거치는 동안 공영방송이 무너졌지만, 여기에 기자들이 저항하는 모습이 인상적이라고 평했다. 일본도 방관할 처지가 못 됐다. 정치권력의 영향력은 커지고 신문은 점차 하향세를 보였다. 독립 저널리스트의 경제적 기반이었던 잡지 시장도 빠르게 위축되고 있다. 일본 도쿄 현지에서 주류 언론의 관행과 조금 다른 길을 걷는 기자들을 만났다.

각자 서 있는 위치는 달랐지만, 이들이 느끼는 위기와 대책은 비슷했다.

관행을 깨부수고 문제 기자로 낙인찍히다
모치즈키 이소코 〈도쿄신문〉 사회부 기자

2017년 6월 8일 스가 요시히데(菅義偉) 관방장관 기자회견에서 일본 언론계를 떠들썩하게 만든 사건이 터졌다. "도쿄(신문)의 모치즈키입니다." 마이크를 붙잡은 모치즈키 이소코(望月衣塑子) 〈도쿄신문〉 사회부 기자는 스가 관방장관을 향해 40분 동안 23회에 걸쳐 질문을 퍼부었다. 가케 학원(加計學園) 스캔들(수의대 신설을 두고 아베 정부가 가케 학원에 특혜를 제공했다는 의혹을 말한다)과 이토 시오리(伊藤詩織)의 미투 폭로(언론사 인턴으로 일하다 TBS 간부에게 당한 성폭행을 고발했다) 관련 질문이었다. 통상 관방장관 정례 브리핑은 10분 정도로 마치는 게 관례였다. 그러나 모치즈키 기자는 이 무언의 규칙을 공개적으로 깨면서 전국적인 유명세를 탔다. 우익 성향의 〈산케이신문〉은 "〈도쿄신문〉 사회부 기자의 야당 같은 질문에 관방장관 기자회견이 거칠어지고 있다"는 기사를 내보냈다.

모치즈키 기자는 일본 미투의 상징인 이토 시오리를 인터뷰한 것으로도 유명하다. 앞의 관방장관 기자회견 이틀 전인 2017년 6월 6일 일본 주류 미디어 소속 기자로서는 처음으로 이토 시오리를 만나 3시간 동안 인터뷰했다. 성폭행 가해자로 지목된 인물은 일본 최대 민영방송사 TBS의 워싱턴 지국장 야마구치 노리유키(山口敬之)였다. 아베 신조 일본 총리의 전기를 집필한 언론계 거물이었다. 모치즈키 기자는 이 사건이 대형 미투 사건인데도 회사 내 반응이 시원찮다고 느껴 직접 인터뷰에 나섰다고 설명했다.

"보도의 자유가 줄어들면서, 아베 정권에 비판적 목소리를 내는 언론사 간부가 줄어들고 있어요." 2018년 10월 5일 도쿄에서 만난 모치즈키 이소코 기자는 아베 정권이 언론에 끼치는 영향을 이렇게 정리했다. 내각에서는 내부 비판을 틀어막기 위해 인사보복이 자행됐다. 과거에는 과장급 공무원에게도 정부에 비판적인 목소리를 들을 수 있었지만, 내각인사국이 신설된 이후로는 취재원을 접촉하는 것 자체가 어려워졌다고 한다.

모치즈키 기자는 기자클럽에 대해서도 '싸우지 말자는 문화가 우선시되고 있다'며 비판했다. 그는 2018년 9월 마틴 패클러(Martin Fackler) 전 〈뉴욕타임스〉 도쿄 지국장과 함께 『권력과 신문의 대문제』(슈에이샤 펴냄, 2018)라는 저널리즘 비판 대담집을 펴내기도 했다. '시민이 목소리를 높일 수 있는 저널리즘이 모자란 것이 일본 저널리즘의 현실'이라는 모치즈키 기자는 일본 저널리즘의 퇴행적 관행에 대해 결국은 기자 스스로가 바꿔야 할 문제라고 단호하게 말했다.

일본 〈와세다 크로니클〉

독립 저널리스트가 사는 법
후지이 세이지 기자

일본에서는 주류 미디어가 미처 채우지 못한 공간을 프리랜스 저널리스트나 논픽션 작가가 메운다. 신문·방송·잡지·단행본 시장이 유기적으로 연결된 덕분에 일본 언론은 질적·양적으로 풍부해질 수 있었다. 비공식적으로 2만 명에 달하는 프리랜스 저널리스트의 공이 크다.

후지이 세이지(藤井誠二) 기자는 일본 출판업계에서 유명한 베테랑 프리랜스 저널리스트다. 청소년 범죄 피해자 취재와 교육 문제 취재에 잔뼈가 굵다. 단독 취재로 쓴 저서만 20여 권이다. 2018년 9월에는 오키나와 집창촌 정화운동 이후 이곳에 살던 사람들의 삶을 추적한 『오키나와 언더그라운드』(고단샤 펴냄)라는 책이 출간됐다.

일본 프리랜스 저널리스트의 경제적 기반은 잡지와 출판 시장이다. 직접 고용하지 않아도 여유가 있는 출판사는 프리랜스 저널리스트들에게 일정한 활동비를 지급하며 취재 활동을 지원했다. 타블로이드 연예 매체에도 이들을 위한 지면이 유지될 정도로 잡지 저널리즘은 일본에서 일정한 시장을 만들었다.

그러나 시장 상황이 점차 나빠지고 있다. 후지이 기자는 "휴간하거나 폐간하는 잡지가 많습니다. 단행본도 초판 발행 부수가 줄고 있어요"라며 출판 시장 분위기를 전했다. 젊은 기자도 줄어들었다. 후지이 기자는 "예전에는 10만 엔에서 20만 엔씩(약 98만 원에서 196만 원) 취재 경비를 받았지만 최근에는 이마저 사정이 어려워졌어요. 잡지 매체가 인터넷으로 옮겨 가면서 새로 업계에 진입하려는 이들도 줄어들었습니다"라고 말했다.

조직화된 언론사와 달리 개인의 탐사보도는 한계가 있다. 그럼에도 후지이 기자는 일본 사회에서 프리랜스 저널리스트만이

할 수 있는 탐사보도 영역이 있다고 강조했다. 한 가지 주제에 전문성을 갖는 것도 이런 이유에서였다. 후지이 기자는 "젊은 프리랜스 저널리스트가 성장하기 위해서는 경험과 작품 수가 중요합니다. 그래야 자기 영역을 만들고 계속 취재할 수 있어요. 최근에는 이런 경험을 얻을 수 있는 통로가 줄어들어 우려스러워요"라고 전했다.

뉴미디어 태동기, 신문사를 뛰쳐나오다
후루타 다이스케 〈버즈피드 재팬〉 편집장

일본 뉴미디어 업계는 이제 막 태동하는 단계에 가깝다. 여전히 주류 미디어의 힘이 막강하기 때문이다. 이런 환경에서 그나마 의미 있는 발걸음을 보여 주는 미디어가 바로 〈버즈피드 재팬〉이다. 2015년 미국 〈버즈피드〉와 일본 '야후재팬'이 합작해 만든 〈버즈피드 재팬〉은 2016년 10월 의료 정보 관련 유명 웹사이트인 '웰크'(WELQ)의 거짓 정보를 파헤쳐 이름을 알렸다. 당시 〈버즈피드 재팬〉은 의료 전문 웹사이트로 알려진 웰크의 정보가 사실 비전문가가 짜깁기한 정보에 불과했다는 사실을 폭로했다. 비슷한 사례가 다른 여러 사이트에서도 발견됐는데, 이들 웹사이트는 모두 'DeNA'라는 상장사가 소유하고 있었다.

〈아사히신문〉 기자 출신인 후루타 다이스케(古田大輔) 편집장이 〈버즈피드 재팬〉을 이끌고 있다. 후루타 편집장은 원래 〈아사히신문〉의 디지털 부문 담당 기자였다. 〈버즈피드〉가 일본 법인을 만든다는 소식을 접하고 취재를 하다 신설 법인에 합류하게 됐다. 후루타 편집장은 "10년 후에 종이 매체는 사라질지도 모릅니다. 신문은 독자의 반응을 알 수가 없지만, 온라인은 독자의 반응을 곧바로 데이터로 확인할 수 있어요"라며 〈아사히신문〉 시절과의 차이점을 설명했다. "이미 모바일로 미디어에 접촉하는 비율이 26퍼센트를 넘었어요. 〈버즈피드 재팬〉에는 신문이나 잡지 편집부를 그만두고 온 사람이 많습니다. 이미 기자라는 직업이 안정적이지 않다는 증거이기도 합니다"라는 말도 덧붙였다.

그는 뉴미디어에서 새로운 도전을 하고 있지만, 전통적인 미디어의 약화가 한편으로는 우려스럽다고 했다. 후루타 편집장은 "올드 미디어의 장점은 커버할 수 있는 범위가 넓다는 것입니다. 큰 신문사라서 가능했던 일이에요. 점차 일본 내에서, 특히 지방일수록 기자가 없는 지역이 늘어날 가능성이 높습니다. 미국에서는 벌써 시작된 일이고요. 저널리즘이 미치지 못하는 지역이 생긴다는 점은 걱정스러워요"라고 말했다.

아베가 무너뜨린 일본 저널리즘의 위상

'종이 신문의 위상과 규모는 아직 견고하다.' 일본 미디어의 현주소를 한마디로 압축하면 이렇다. '세계 언론 동향'(World Press Trends)에 따르면, 2016년 기준 일본 성인 인구 1천 명당 신문 발행 부수는 399.9부로 전 세계 1위를 기록했다. 2위 인도(317.4부), 3위 독일(222.6부)에 비해 압도적인 수치다. 로이터 저널리즘 연구소도 '디지털 뉴스 리포트 2017'에서 '일본 신문은 여전히 매일 4천만 부 이상 팔리고 있으며, 신문의 95퍼센트 이상은 정기구독으로 판매된다'고 발표했다. 공영방송 NHK는 2018년 5월 싱가포르에서 열린 북·미 정상회담 당시 전 세계에서 가장 많은 취재진을 파견했고, 주요 신문사가 소유한 민영방송 역시 일본 미디어의 중추로 자리 잡고 있다. 디지털 광풍이 전 세계 미디어의 기반을 뒤흔드는 2018년 현재까지도 일본의 레거시 미디어는 굳건히 버티는 모습이다.

속을 자세히 들여다보면, 일본 레거시 미디어 역시 점차 허약해지고 있다. 우선 신문 구독률이 줄어들고 있다. 일본신문협회에 따르면 2000년 1.13부였던 가구당 구독률은 2017년 0.75부로 감소했다. 2007년까지 총 4,700만 부 수준을 유지하던 종합일간지 발간량은 10년 만인 2017년 3,800만 부대로 떨어졌다. 레거시 미디어를 접촉하는 시간도 줄었다. 2006년 1인당 미디어 접촉 시간은 텔레비전 171.8분, 신문 32.3분, 잡지 19.5분이었지만 2018년 조사에서는 텔레비전 144분, 신문 15.9분, 잡지 12.3분으로 나타났다. 2017년 잡지 시장도 전년 대비 10.8퍼센트나 감소했다. (일본 출판과학연구소 통계) 레거시 미디어의 위기는 이미 가시화되고 있다.

언론의 자유도 침식당하고 있다. 아베 정권이 장기 집권하면서 정치권력에 의한 언론 자유 침해 사례가 조금씩 드러난다. 국경없는기자회가 매년 발표하는 언론자유지수에서 일본은 2018년 67위를 기록했다. 2017년보다 소폭(5계단) 상승했지만, 과거와 비교하면 민망한 수준이다. 2010년 11위, 2011년·2012년 22위이던 언론자유지수 순위는 2013년 53위, 2014년 59위, 2015년 61위로 급락했다. 2016년부터 2017년까지는 2년 연속 72위를 기록하기도 했다.

국경없는기자회는 일본 의회가 2013년에 통과시킨 특정비밀보호법의 존재가 일본 저널리즘의 위기를 초래했다고 설명한다. 특정비밀보호법은 일본 행정부가 특정 비밀로 지정한 기밀을 누설할 경우 최고 10년형을 선고받을 수 있는 법이다. 내부고발자(공무원)는 물론, 언론인(민간인)도 예외가 없다. 프리랜스 저널리스트인 후지이 세이지는 "이 법으로 인해 관료가 알아서 핵심 문서를 없애는 일이 많아졌습니다"라고 설명했다.

2012년 12월 재집권한 아베 정권은 노골적으로 미디어에 기계적 중립을 요구했다. 이전까지 일본 언론은 정권으로부터 직접적인 지침을 받은 적이 없다. 그러나 2014년 12월 일본 중의원 총선거를 앞두고 아베 정부는 이례적으로 각 언론사 정치부에 '선거보도를 공평하게 해달라'는 공문을 발송했다. 당시 공문을 받았던 한 주류 일간지 소속 정치부 기자는 '일본에서 이런 공문을 보내는 건 전례 없는 일이다. '공평'이라고 하지만, 실제로는 정권의 압력으로 느껴졌다'고 말했다. 모치즈키 이소코〈도쿄신문〉사회부 기자도 "미국에서 트럼프가 그런 공문을 보냈다면 미국 언론사들이 모두 무시했을 것입니다. 하지만 일본에서 각 언론사 국장급들은 얌전하게 (정부의) 말을 들었어요"라고 말했다.

2012년 한 텔레비전 방송에 출연한 아베 신조는 거리 인터뷰(길거리 이원 생중계로 스튜디오에 있는 정치인에게 질문하는 코너)에 자신을 비판하는 시민이 연이어 등장하자 '(비판적인 질문을 하는 시민만 나오는 게) 이상하지 않냐'는 불만을 표출했다. 당시 상황을 설명한 한 기자는 '이후 텔레비전 방송에서는 '비판적인 시민'과 '(정권을) 지지하는 시민'의 숫자를 맞추기 시작했다'며 일본 미디어가 아베 정부 아래서 기계적 중립에 매달려 있다고 평가했다.

일본신문협회와 기자클럽 중심 취재 문화도 정권에 비판적인 목소리를 내기 어려운 환경을 만든다. 기자클럽은 한국의 출입처 기자단과 비슷한 개념이다. 기자클럽에 가입되어 있는 각 언론사 기자가 각 출입처에서 정보를 독점하는 구조다. 비판적인 이들은 이러한 폐쇄적인 취재 환경이 관료 의존성이 강한 '발표 저널리즘'을 만들어 낸다고 주장한다.

회사 단위 가맹체인 일본신문협회 역시 폐쇄적인 산업구조를 고착화한다. 그동안 일본에서는 신문협회 가입 없이 새 매체를 창간하는 게 불가능했다. 황성빈 일본 릿쿄대학(立教大學) 미디어사회학과 교수는 "산업구조 전반에 걸쳐 정부의 간접적인 통제가 가능합니다. 일본에서 신문사는 방송국을 소유한 거대 미디어 복합기업입니다. 정부의 미디어 산업정책 없이는 대기업으로 성장할 수 없었어요. 그렇기 때문에 정부를 비판하는 데에도 제한적일 수밖에 없어요"라고 말했다.

이런 독특한 산업구조 아래서 생겨난 논란 중 하나가 바로 편집권 독립의 의미다. 일본에서 편집권 독립이란 우리가 흔히 떠올리는 기자의 언론 자유가 아니라 경영자가 자기 소유 미디어의 편집권을 행사할 권리로 인식된다. 이는 일본신문협회가 1948년 발표한 '신문편집권 확보에 관한 성명'(일명 편집권 성명)에 근거한다. 제2차 세계대전 패전 직후 〈요미우리신문〉〈아사히신문〉〈마이니치신문〉 등 주요 언론사 노동자들은 제국주의에 편승해 전쟁 선전에 주력한 각 언론사 경영진을 대상으로 언론 민주화운동을 벌였다. 그러나 이들의 목소리는 당시 연합군의 정책적 목표(일본을 반소·반공주의의 최전선으로 만들기 위해 산업을 정상화하는 것)와 배치됐고, 언론사 사주와 경영진에게 편집 주도권을 유지시키려 했다. 연합군의 지원 아래 설립된 것이 일본신문협회이며, 이들은 곧바로 '편집권은 경영자의 몫'이라는 편집권 성명을 발표한다.

이런 배경에서 각 언론사에 소속된 개별 기자가 권력에 대항하기란 어려웠다. 노조도 마찬가지다. 노조가 있는 언론사도 드물뿐더러, 노조가 경영진의 편집 방침에 대항한 사례 역시 찾기 어렵다. 한국의 언론노조와 같은 산별노조도 없다. 주류 미디어 소속 개별 기자는 오히려 일본 사회에서 임금수준이 높은 엘리트 직장인에 가깝다. 2017년 기준 일본 40대 초반 남성 직장인의 평균 연봉은 약 564만 엔(약 5,547만 원)이지만, 같은 연령대 주류 신문사 기자의 연봉은 1천만 엔을 넘는다. 전 〈아사히신문〉 탐사팀 출신인 기무라 히데아키 기자는 "주류 미디어 기자는 기자가 아니라 직원이에요. 개별 기자 입장에서 기성 미디어에 안주하는 게 안정적입니다. 내가 퇴사할 때도 일부 기자들이 회사 이메일이 아니라 개인 이메일로 응원 메시지를 보내왔습니다. 개별 기자들이 일본 사회의 문제에 대해 자신이 당사자라고 생각하지 않습니다"라며 비판했다.

그러다 보니 탐사보도 역시 정권이나 대기업을 겨냥하기보다는 살인 사건 같은 사회문제에 초점을 맞추는 경향이 강하다. 큰 권력을 상대하는 저널리즘과 작은 기업·개인을 상대하는 저널리즘이 서로 다른 모습을 보여 준다. 모치즈키 기자는 "경찰에서 사건 보고를 할 때 보면 기자들의 질문이 매우 활발합니다. 날카로운 질문을 던지는 기자도 많아요. 그러나 정치부 기자회견에서는 그런 모습을 찾기 어렵습니다"라고 말했다. 와타나베 마코토 〈와세다 크로니클〉 편집장도 "일본 미디어의 특징은 약자한테는 세게 비판하고, 강자한테는 약하게 비판한다는 점입니다. 범죄자는 기사를 내더라도 기자에게 위협이 돌아오지 않아요. 기업 비리도 작은 기업은 심도 깊게 파고드는 반면, 큰 기업에는 덤비지 못합니다"라고 설명했다.

　기술 발전으로 인한 미디어 환경 변화도 기존 언론사 기자들을 주춤하게 만들고 있다. 2006년 한 사람이 텔레비전·라디오·신문·잡지 같은 레거시 미디어를 접촉하는 시간은 전체 미디어 접촉량 가운데 약 80퍼센트를 차지했다. 그러나 2018년에는 처음으로 PC·태블릿·스마트폰을 이용해 미디어에 접촉하는 비율이 50퍼센트를 넘어섰다. 『거리로 나온 넷우익』(후마니타스 펴냄, 2013)을 쓴 야스다 고이치(安田浩一) 기자는 "탐사보도의 위기입니다. 종이 매체가 줄면서 취재비용도 삭감되고 있어요. 적은 비용으로 독자를 모으는 기사가 늘고 있고요. 시간과 돈을 쓰고 기사를 만드는 시스템이 무너지면 기자들의 취재력도 떨어집니다. 소송 부담을 우려해 미지근한 기사를 쓰는 경우가 많습니다"라고 말했다. 언론사를 지탱하던 개인 구독이 줄어들면서 광고에 대한 의존도도 조금씩 높아지고 있다. 인터뷰 과정에서 만난 일부 기자들은 언론에 대한 기업의 영향력이 점점 커진다며 불안감을 드러내기도 했다.

　보수 정당의 장기 집권, 온라인 영향력의 확대를 배경으로, 기형적으로 파생된 현상이 바로 '산케이 세대의 등장'이다. 일본 온라인 저널리즘은 한국과 비슷하게 포털과 메신저 애플리케이션이 주도하고 있다. 야후재팬과 라인 뉴스가 대표적이다. 하지만 주류 언론은 여전히 포털 등에 뉴스를 제공하는 데 소극적이다. 주요 신문사의 온라인 대응도 유료 구독 모델인 페이월(Pay Wall)을 최우선으로 추진한다.

　반면 '넷 퍼스트'를 강조했던 극우 〈산케이신문〉은 야후재팬이나 MSN 등에 자사 기사를 적극적으로 게재했다. 자연스럽게 온라인에서 가장 쉽고 무료로 접할 수 있는 기사가 혐한을 중요한 키워드로 삼는 〈산케이신문〉이었다. 온라인에서, 특히 젊은 세대에서 〈산케이신문〉의 영향력은 점차 확대됐다. 〈산케이신문〉의 특징을 '애드버킷(advocate) 저널리즘'(특정 정치적 입장을 옹호하는 저널리즘)이라고 설명한 황성빈 교수는 "진보가 온라인 세계를 주도했던 한국과 달리, 일본에서 온라인은 '극우의 공간'입니다. 여기서 생겨난 '넷우익'을 주류 언론들은 방관해 왔습니다"라고 말했다.

일본 저널리즘은 전통적인 기반이 흔들리는 가운데, 온라인에서는 극우 미디어가 주도권을 쥔 '완만한 침체기'를 겪고 있다. 물론 희망이 없는 건 아니다. 일본 공영방송을 연구해온 정수영 성균관대 연구교수는 "과거에 비해 허약해지긴 했으나, 여전히 일본 공영방송의 보도의 질과 일본 저널리스트들의 이른바 장인정신은 우리가 무시할 수준이 아닙니다"라고 설명했다. 일간지·잡지·단행본으로 이어지는 매체 선택 폭도 여전히 넓고, 전통적으로 읽기 문화를 강조한 덕분에 일본 독자의 미디어 리터러시(미디어 해독 능력) 수준도 높은 편이라는 주장이다. 일본에서 만난 한 기자도 '지역신문의 구독률이 높은 점은 여전히 희망적'이라고 말했다.

다른 나라처럼 급격히 언론 산업이 무너지지는 않을 것이라는 전망이 앞서지만, 여전히 갈 길은 멀다. 무엇보다 일본 민주주의의 위기가 곧 일본 언론의 위기를 가속화하고 있다. 언론 산업의 기초체력이 당분간 버텨 주겠지만, 장기 침체 국면에서 일본 언론이 스스로 변하지 않는다면, 아시아 저널리즘을 이끌어온 일본 저널리즘의 위상은 하락할 가능성이 높다.

3장.

홍콩 〈단전매〉,
"기사는 국적이 없습니다"

〈단전매〉(端傳媒, Initium Media)

설립. 2015년 8월 3일.
규모. 편집국 30명(홍콩 20명, 타이완 지사 10명) 및 프리랜서 기자와 협업한다.
출판 방식. 웹사이트(theinitium.com) 및 애플리케이션.
운영 방식. 2017년 6월 유료 구독 체제를 도입해, 현재 유료 독자 1만 7천여 명이 있다. 월 83홍콩달러(약 1만 1,000원)를 내는 프리미엄 회원은 〈월스트리트 저널〉〈말레이시아 키니〉의 기사를 제공하고, 홍콩과 타이완 독립 서점 및 〈단전매〉가 기획하는 여행 상품을 할인받을 수 있다. 〈단전매〉만 구독하는 일반 회원의 구독료는 49홍콩달러(약 7,000원)이다. 프리미엄 회원과 일반 회원 비율은 7대 3 정도이다.
수상 이력. 2018 아시아출판인협회(SOPA)가 수여하는 10개 부문 언론상 중 6개 부문(특집 기사·특종 보도 등) 석권. 창간 이후 매년 아시아출판인협회의 주요 상을 수상해 왔으며, 2018년에는 후보 매체 중 가장 많은 상을 받았다.

2000년 타이완에서 창간된 〈명일보〉(明日報)는 중화권 최초 인터넷 매체였다. 여전히 신문과 잡지, 텔레비전만을 언론으로 상상하던 시절이었다. 자금 부족 등의 이유로 〈명일보〉의 실험은 1년 만에 끝났다. 매체는 사라졌지만 유산은 남았다. 전통 매체들이 인터넷이라는 공간을 발견하는 계기가 됐다. 물론 당시까지만 해도 주요 미디어 종사자들의 생각은 매우 단순했다. 종이 위의 글자와 사진을 단순히 온라인에 옮겨 놓는 수준에 그쳤다.

하지만 한 번 시작된 변화는 되돌리기 어려웠다. 어느 시점을 지나자 온라인 뉴스는 대세가 되었다. 1997년 신문기자로 시작해 언론계 경력을 쌓아온 리즈더(李志德) 〈단전매〉 편집국장은 그 변화의 한가운데를 표표히 지나온 언론인이다. 그는 단언했다. "종이 매체가 누렸던 영광의 시절은 다시 돌아오지 않을 겁니다."

그가 보기에 현재 홍콩 언론은 크게 두 가지 문제에 직면해 있다. 우선 지속적으로 하락하고 있는 언론 품질이다. 이는 당연히 홍콩 언론만의 숙제는 아니다. 좋은 보도를 고민하는 전 세계 미디어 종사자가 매일 씨름하는 문제이기도 하다. 여느 나라들처럼 홍콩에서도 온라인 뉴스 서비스는 속도전으로 변질한 지 오래다. 속도 경쟁에 매몰돼 검증 없이 보도되는 뉴스에서는 깊이를 찾아볼 수 없다. 홍콩에서도 온라인 콘텐츠는 무료라는 인식이 지배적이며, 이 생태계의 비즈니스 모델은 '클릭'이다. 클릭에는 광고가 따르고, 광고는 곧 돈과 직결된다. 구글과 페이스북이라는 '플랫폼 공룡'은 응당 콘텐츠 생산자의 몫이어야 할 수익의 대부분을 가져간다.

이 덫에서 벗어날 수 있을까. 2015년 8월 창간한 온라인 매체 〈단전매〉는 빠르고, 짧고, 얕은 온라인 뉴스 시장을 역행하는 방식을 선택했다. "기존 온라인 매체에 문제의식을 느끼는 독자층이 분명히 존재한다고 생각했고, 타깃을 그쪽으로 잡을 필요가 있었습니다. 우리는 인터넷에도 긴 보고서를 쓸 수 있다는 걸 보여 주고 싶었습니다. 온라인에서도 긴 기사를 기꺼이 읽는 사람이 존재한다는 걸 증명하고 싶었고, 일정 정도 성과를 거뒀습니다."

홍콩에 본사를 두고 있지만 〈단전매〉는 매체 독자층을 홍콩에 한정하지 않는다. 검열과 통제로 움직이는 중국 언론에서는 볼 수 없는 뉴스를 전 세계 중국인에게 제공하는 것을 목표로 한다. 중국은 일명 만리방화벽(great firewall of China)이라 불리는 인터넷 통제로 정보를 움켜쥐고 있다. 언론 자유를 추구하는 〈단전매〉의 독자적인 행보는 창간 초기부터 중국의 심기를 건드렸다. 〈단전매〉는 창간 직후부터 중국에서 접속이 차단됐지만, 가상 사설망인 VPN을 이용해 중국으로부터 접속하는 독자 수는 전체 10~15퍼센트로 분석된다.

물론 다수 독자는 홍콩과 타이완에서 유입된다. 하지만 접속 경로를 파악해 보면 2백 개 국가가 넘는다. 기사는 중국에서 사용되는 간체 한자와 홍콩 및 타이완에서 사용되는 번체 두 가지 버전 중 하나를 선택해 읽을 수 있다. 리즈더 편집국장은 "〈단전매〉는 홍콩에 있지만 〈단전매〉 기사는 국적이 없습니다"라고 말했다. 〈단전매〉가 광고에 의존하지 않는 또는 할 수 없는 이유 중 하나도 독자가 다양한 국가에서 접속하기 때문이다. "광고는 사실 매우 지역적인 사업입니다. 광고주는 특정 지역의 은행이나 서비스 산업, 체인점 같은 것들이잖아요."

중국 반환 이후 악화된 언론·출판의 자유

영국령이었던 홍콩은 1997년 중국에 반환됐다. 당시 중국은 영국과 주권 반환 회담을 하면서 일국양제를 제안하고 반환을 성사시켰다. 외교와 국방에 대한 주권은 중국이 갖되, 기존 홍콩 체제를 인정하며 고도의 자치권을 부여한다는 의미였다. 중국 반환 이후 홍콩은 이전의 홍콩일 수 없었다. 특히 홍콩에 대한 중국의 영향력이 지속적으로 확대되며 언론·출판 자유가 돌이킬 수 없을 정

〈단전매〉는 2018 아시아출판인협회 10개 부문 언론상 중 6개 부문에서 수상했다.

도로 악화됐다. 단적으로 확인해볼 수 있는 지표가 국경없는기자회의 언론자유지수다. 홍콩의 언론자유지수는 2002년 18위에서 2018년 70위로 급락했다.

2018년 11월 〈파이낸셜 타임스〉의 빅터 맬릿 기자는 외신기자협회 이사회 참석을 위해 홍콩을 잠시 방문하려다 4시간여에 걸친 심문 끝에 아예 입국을 거부당했다. 맬릿은 2016년부터 홍콩에서 외신기자로 일해 왔지만, 입국 금지에 앞서 취업비자 연장 역시 거부됐다. 홍콩 정부는 부인하고 있지만, 홍콩외신기자협회 부회장이던 맬릿이 2018년 8월 홍콩 독립을 주장하는 앤디 찬 홍콩민족당 대표를 초청해 행사를 개최한 데 미운털이 박혔다는 분석이 지배적이다. 홍콩민족당은 기자간담회 이후인 2018년 9월 24일 국가안보를 이유로 정당 활동이 금지됐다.

외신기자를 사실상 추방한 것도, 특정 정당 활동을 금지시킨 것도 중국 반환 이전에는 상상할 수 없는 일이다. 영국 외무부는 맬릿 추방에 우려를 표하고 '높은 자율성과 언론 자유는 홍콩의 핵심이었다'며 해명을 촉구했다. 같은 해 10월 10일 홍콩 야당 의원 20여 명은 입법회에 '언론 자유 탄압 반대' 플래카드를 든 채 입장했다. 이들은 친중국계인 캐리 람 행정장관이 연설하기 전 의회를 빠져나감으로써 맬릿을 추방한 정부 조치에 항의했다.

예술가의 활동 폭도 좁아지고 있다. 영국에 거주하는 홍콩 출신 소설가 마젠은 책 『차이나 드림』의 홍콩 홍보 일정이 석연치 않은 이유로 모두 취소됐다. 『차이나 드림』은 시진핑 주석의 임기 제한 철폐를 꼬집은 소설로 알려졌다. 마젠은 2018년 10월 1일 트위터를 통해 '홍콩은 미술과 문학을 하는 예술가들에게 일종의 안식처였다. 우리는 중국을 피해 홍콩에서 진정한 사상의 자유를 찾을 수 있다고 느꼈다. 하지만 그 시절은 서서히 저물고 있다'고 썼다.

이처럼 비상식적인 일이 자연스럽게 벌어질 수 있는 분위기가 단기간에 조성된 건 아니다. 시작은 2014년이었다. 당시 중국은 홍콩 행정장관에 출마할 수 있는 후보를 친중계 인사로 제한했다. 이에 반발해 10만여 명이 거리로 쏟아져 나와 '우산혁명'이 벌어졌지만, 시위는 실패로 돌아갔다. 2015년에는 중국에서 금서로 지정된 책을 주로 팔던 코즈웨이베이 서점 대표·직원·손님이 차례로 실종되었다. 나중에 중국 공안이 체포한 것으로 확인되기도 했다. 2016년에는 몽콕의 노점상 철거에 반발하는 상인 시위에 시민들이 합류하며 '어묵 혁명'이 일어났지만, 경찰이 시위대에 총을 겨누는 등 무력으로 진압됐다.

마윈의 〈사우스 차이나 모닝 포스트〉 인수 이후

정치권력과 경제 권력은 때로 한 몸이다. 이런 분위기가 누적되면서 언론 역시 자기 검열을 일상화하게 됐다. 〈단전매〉가 1백여 명에 가깝던 편집국 기자·디자이너·엔지니어를 30여 명으로 줄일 수밖에 없었던 것도 정치권력의 눈치를 본 투자자들이 속속 투자를 철회했기 때문이다. 리즈더 편집국장은 홍콩 언론이 위기에 처한 또 다른 이유를 '본토'라는 단 두 자로 정리했다.

"홍콩의 중국 반환 이후 언론사 간부들이 기대를 가진 것도 사실입니다. 다른 제조업과 마찬가지로 중국이라는 큰 시장이 열렸다고 판단한 거죠. 이렇게 얘기해 볼까요. 중국은 홍콩이나 타이완의 등에 올라타서 당근을 흔들어 댔습니다. 당근을 먹고 싶어 앞으로 가지만, 결코 먹을 수 없게 만들면서요. 자본주의가 공산당의 지배를 받았고, 공산당은 자본가를 통제하고, 다시 자본가는 미디어를 지배했습니다. 그렇게 언론의 매력도 완전히 사라졌어요."

리즈더 편집국장은 공산당의 통제를 받는 자본가가 미디어를 지배하는 대표 사례로 알리바바 그룹 회장 마윈(馬雲)을 예로 들었다. 마윈은 2016년 영자신문 〈사우스 차이나 모닝 포스트〉(SCMP, 南華早報)를 인수했다. 100년이 넘는 전통을 자랑하는 〈사우스 차이나 모닝 포스트〉는 중국 관영 언론보다 중국 공산당 내부를 정확히 파악하고 비판하는 기사를 써왔던 언론으로 해외의 호평을 받아 왔다. 중국을 알고 싶다면 〈사우스 차이나 모닝 포스트〉를 보라는 말이 있을 정도였다. 하지만 마윈 인수 이후 매일 중국에 긍정적 기사를 10개 이상 생산하는 등 논조가 변했다는 평가를 받고 있다. 매체 소유권을 가진 알리바바에 대한 기사도 3배 이상 증가한 것으로 분석된다.

"이런 방식의 통제가 가능한 이유는 언론이 광고나 투자에 의존하지 않으면 스스로 돈을 벌 수 없기 때문입니다. 광고나 투자는 매우 전통적인 방식이기도 하죠. 회원만을 위한 유료 콘텐츠를 생산하는 '자급자족' 모델을 고민해야 했어요." 인원 감축과 경영난에 시달리던 〈단전매〉는 크라우드펀딩으로 정기구독 시스템을 구축하고, 2017년 6월 유료 구독 체제로 전환했다. 무료로

리즈더 〈단전매〉 편집국장.

제공하는 단순 정보 보도는 줄이고, 유료로 읽을 수 있는 심층보도와 논평에 주력하는 것으로 방향을 다시 잡았다.

〈단전매〉는 기사를 다양한 형식과 방식으로 선보이는 것으로도 호평을 받는다. 문화대혁명 50주년을 맞아 선보인 게임형 기사는 '당신이 문화대혁명 현장에 있는 기자라면 어떤 보도를 하겠는가?'를 주제로 당시 실제 보도 행태가 어떠했는지를 보여 준다. 독자는 선택을 통해 문화대혁명 현장을 간접적으로나마 체험할 수 있다.

탐사보도에 매진한다고 해서 단독 보도를 포기하지도 않았다. 변호사 겸 작가로 중국 인권운동을 이끈 2010년 노벨상 수상자 고 류사오보가 아내에게 쓴 육필 원고를 입수해 보도했고, IS에 관한 기사를 중화권 매체 최초로 보도하기도 했다. 2018년 6월 13일 열린 '2018 아시아출판인협회'에서는 10개 부문 언론상 중 6개 분야에서 〈단전매〉가 수상하며 후보 매체 가운데 가장 많은 상을 받은 매체가 됐다.

당신이 보는 세상을 결정하십시오

2018년 11월 현재 〈단전매〉의 유료 구독자는 1만 7,000여 명으로 프리미엄 회원은 월 83홍콩달러(약 1만 1,000원)를 낸다. 프리미엄 회원은 〈단전매〉의 기사는 물론 기사를 제휴하는 〈월스트리트 저널〉과 〈말레이시아 키니〉의 콘텐츠도 읽을 수 있다. 또 〈단전매〉와 제휴한 독립 서점에서 책을 구매할 때 할인받을 수 있고, 〈단전매〉가 기획하는 여행 상품도 할인받는다. 일반 회원으로 〈단전매〉만 구독할 경우 월 49홍콩달러(약 7,000원)를 낸다.

독자 비율은 프리미엄 회원 쪽이 약 70퍼센트로 훨씬 높다. "홍콩에 700만 명이 있고, 타이완에 2,300만 명이 있습니다. 해외에는 중국어를 아는 사람도 많죠. 수천만 명 중에서 우리의 현재 목표는 유료 구독자 3만 명입니다. 이 수치가 달성되면 외부 투자자 없이 안정적인 운영이 가능할 것으로 예상합니다."

〈단전매〉의 대표적인 부대사업은 여행이다. 북한·티베트·이란·베트남 등 몇 가지 여행 모델을 가지고 여러 차례 검증을 거쳤다. 2017년 여행사 라이선스를 취득해 '글로 트래블'(GLO Travel)이라는 이름으로 별도 독립시켰다. 한국인인 기자 눈에 띄는 상품은 2017년부터 매년 4월 열리는 평양 마라톤 참가 일정이 포함된 패키지였다. 평양 마라톤은 김일성 종합경기장에서 출발해 대동강을 따라 뛰는 코스다. 참가비는 3,000홍콩달러(약 433만 원)로 매해 100명 이상이 몰렸다. 2018년 11월 22~25일 여행팀은 타이완으로 갔다. 정치인 미팅 및 선거캠프 방문 등의 일정으로 짜였다. 여행 기간 중인 11월 24일 치러진 타이완 지방선거 경험을 목표로 참가비는 1,500홍콩달러(약 216만 원)이다.

"사람들이 정말 선거를 보기 위해 돈을 쓰는지 궁금하시죠? 결과적으로 많은 사람이 모집됐습니다. 예를 들어보죠. 아마 보통의 여행사가 한국 여행 패키지를 만든다면 동대문 쇼핑이 꼭 들어 있을 겁니다. 하지만 저희가 한국 여행을 기획한다면 그 모든 걸 빼고 광주를 넣을 겁니다. 그 편이 수익에 훨씬 도움이 돼요. 우리 독자들은 '다른' 여행을 하고 싶어 하거든요. 저희는 그걸 잘 포장하는 거죠."

'당신이 선택한 미디어와 함께 당신이 보는 세상을 결정하십시오.' 〈단전매〉가 자사 SNS에 기사를 올릴 때마다 구독 링크와 함께 올리는 문구다. 〈단전매〉가 독자 데이터를 가지고 분석해본 바에 따르면 〈단전매〉 유료 독자 다수는 이른바 '엘리트'라 할 수 있는 그룹이다. 90퍼센트 이상이 대학 졸업자로 그중 30퍼센트는 석사학위 이상을 소지하고 있다. 독자 가운데 60퍼센트는 금융·법률·IT 등 전문직이며, 58퍼센트가 애플 기기로 〈단전매〉에 접속하고, 65퍼센트 이상이 25~44세에 걸쳐 있다. 이들 독자는 압도적으로(93퍼센트) 국제 및 정치 이슈에 관심이 있다고 답했다.

리즈더 편집국장은 이들 독자가 〈단전매〉를 위해 '돈을 태우고 있다'고 표현했다. "한국에서는 어떻게 표현하는지 모르겠지만, 대규모 투자나 광고 없이 언론사를 운영하려면 돈을 태울 사람이 필요합니다. 우리가 기사로 벌 수 있는 돈은 거의 없기 때문에 우리가 추구하는 '가치'에 투자해줄 사람이 필요한 거죠. 독자들은 중국 본토에서 좋은 기사와 논평을 찾을 수 없었기 때문에 '여기'에 왔습니다. 그리고 이 플랫폼을 유지하고자 돈을 태우고 있습니다."

2018년 10월 8일 방문한 〈단전매〉 사무실은 좁고 썰렁했다. 편집국장과 부국장, 논설위원, 디자이너 4명만이 자리를 지키고 있었다. 리즈더 편집국장은 〈단전매〉 소속 30명의 기자를 '30개의 작은 회사'라고 말했다. 3만 명의 유료 독자가 달성되면 그 '회사'들을 더 채용해 이전 규모를 회복하고 싶다. 독자가 돈을 기꺼이 지불할 수 있는 좋은 콘텐츠를 만드는 것은 결국 사람이기 때문이다.

"실은, 매우 절망적입니다. 우리는 얼마나 더 버틸 수 있을까요? 마치 산을 오르는 것과 같아요. 산을 오르기로 했기 때문에 틀림없이 그 길을 갈 것입니다. 물론 불행히 쓰러질 수 있겠죠. 하지만 그런 순간에도 우리는 뒤에 오는 사람들이 우리를 밟고 갈 수 있도록 할 것입니다. 물론 우리가 가장 바라는 바는 우리 스스로 걸어 올라가는 것입니다. 그것이 현재 제가 생각하는 '독립 언론 생존'에 관한 가장 큰 아이디어입니다."

4장.

필리핀 〈래플러〉, 두테르테에 맞서는 신생 언론

〈래플러〉(Rappler)

설립. 2012년 1월.
규모. 80여 명(멀티미디어 리포터, 멀티미디어 프로듀서, 소셜 미디어 프로듀서, 디자이너, 데이터 리서처 등).
출판 방식. 웹사이트(rappler.com) 및 페이스북(구독자 377만여 명), 트위터(팔로어 304만여 명), 인스타그램(팔로어 30만 8,000여 명).
운영 방식. 설립자 마리아 레사를 비롯한 기자들이 래플러 지주회사(Rappler holdings)의 지분 34.42퍼센트를, 최대 주주(Dolphin Fire Group)가 31.2퍼센트를 소유하고 있다. 창업 초기 편집과 경영권의 독립을 보장하는 협정에 주주들이 서명했다. 수익은 기업 광고, 네이티브 광고, 해외 정부나 단체의 보조금(자연재해 플랫폼 아고스 제작 지원), 후원금 등으로 이루어진다.
수상 이력. 미국국제언론인센터(ICFJ)의 국제 저널리즘 훈장, 세계신문협회(WAN)의 자유황금펜 상, '처벌받지 않음' 시리즈(Impunity Series)로 인권언론상 영어 멀티미디어 부문 대상 등.

2018년 10월 30일, 사이판을 강타해 큰 피해를 준 태풍 '위투'가 필리핀 북부 루손 섬에 상륙했다. 수도인 마닐라에도 폭우가 쏟아

〈래플러〉는 짧은 시간에 필리핀에서 가장 영향력 있는 온라인 매체로 자리 잡았다.

졌다. 텔레비전에서 시속 213km로 진입하는 위투의 위력에 대한 뉴스가 실시간으로 흘러나왔다. 필리핀 최대 민영방송사 ABS-CBN이 시시각각 태풍의 진로를 예측했다. 필리핀에 올해 들어 열여덟 번째 태풍이었다. 한 달 전에도 태풍 망쿳으로 1백 여 명이 숨졌다.

같은 시각, 필리핀의 온라인 미디어 〈래플러〉 역시 여느 언론사와 비슷하게 태풍의 진로를 예측하는 기사를 홈페이지 상단에 배치했다. 태풍 관련 뉴스마다 딸려 있는 문구가 눈에 띄었다. '당신 지역의 날씨는 어떻습니까? 아고스(Agos)를 통해 상황을 제보하거나 @rapplerdotcom으로 문의해 주십시오.' 아고스라는 단어를 클릭하자 새로운 창이 뜨며 필리핀 지도가 등장했다. 지도 곳곳에 '긴급' 표시가 떠 있었다. 태풍이 상륙한 북부 록사스 지역을 확대하니 누군가 보낸 구조 요청 메시지가 떴다. "구조선, 구호물자, 식수가 필요합니다. 강이 가까워 집이 물에 잠겼습니다." 그 옆에는 연락처가 남겨져 있었다.

얼마 지나지 않아 이들이 구조되었다는 소식이 전해졌다. 필리핀 북부 캘링가 지역에선 물에 잠긴 초등학교 사진이 올라오는 등 피해 상황이 실시간으로 보고되었다. 이용자들이 〈래플러〉의 트위터 계정으로 소식을 알리면 지도에 위치와 상태가 업데이트되었다. 태풍의 진로나 피해 정도를 전달하는 전통적인 뉴스와 현장의 소식을 공유하는 소셜 미디어 서비스가 결합된 새로운 형태의 재난 보도였다.

필리핀 언론인의 미스터리한 죽음

〈래플러〉는 필리핀 언론의 최전선이다. 동남아시아 언론을 대표하는 매체이기도 하다. 정부로부터 노골적인 언론 탄압을 받고 있다는 점에서, 그리고 현재 가장 혁신적인 디지털 미디어 중 하나라는 점에서 그렇다.

필리핀의 언론 환경은 아시아 그 어느 지역보다 극단적이다. 1986년 이후 살해당한 저널리스트만 160여 명이다. 2009년 11월에는 필리핀 마긴다나오 주에서 선거를 취재하던 기자 32명이 한꺼번에 죽임을 당하기도 했다. 국경없는기자회가 발표하는 2018년 언론자유지수에서 필리핀은 2017년보다 6단계 하락한 133위를 기록했다. 전체 180개 국가 중에서도 하위권이다.

필리핀기자협회(NUJP)에 따르면 '필리핀판 도널드 트럼프'라 불리는 로드리고 두테르테 대통령이 취임한 2016년 5월 이후 지금까지 저널리스트 12명이 살해당했다. 그동안 두테르테 대통령은 언론을 상대로 악의적인 발언을 거리낌 없이 해왔다. 2016년 5월 취임 직후 가진 기자회견이 대표적이다. 당시 그는 '살해된 저널리스트 대부분은 무언가를 했으며 뭔가 잘못하지 않으면 살해되지 않을 것이다'라고 말했다. 저널리스트들이 부패해서 벌어진 일이라는 의미다. 같은 자리에서 그는 GMA 뉴스의 여성 앵커에게 성희롱하듯 휘파람을 불기도 했다. 이런 말도 했다. '당신이 개××라면 저널리스트라는 이유로 죽음을 면제받지 않는다.' 이후에도 두테르테 대통령은 필리핀 최대 일간지인 〈인콰이어러〉와 ABS-CBN 방송국 기자를 향해 '창녀의 자식'(sons of whores)이라며 욕을 퍼부었다. 교황이나 미국 대통령 등 대상을 가리지 않는 막말은 언론사에도 예외가 아니었고, 이는 현 정부의 언론관을 보여 준다.

〈래플러〉가 두테르테 정권 아래에서 언론 탄압의 상징이 된 건 2018년 1월이다. 필리핀 증권거래위원회(SEC)가 〈래플러〉의 법인 등록을 취소하기로 결정했다. 외국인의 국내 언론 소유금지 조항을 어겼다는 이유였다. 필리핀 헌법은 외국인의 언론사 운영을 금지한다. 외국계 회사에 채권을 매각했던 사실을 문제 삼았다. 〈래플러〉는 재무적 투자에 불과하다며 반발했다. 외국인이 경영이나 편집에 어떤 권한도 갖고 있지 않다는 점을 강조했다. 〈래플러〉의 법인 등록 취소에 항의하는 시위가 벌어지기도 했다. 소속 기자들은 대통령궁 출입도 금지당했다. 1980년대 독재자 페르디난드 마르코스 대통령 집권 시기 이후 처음이었다. 그 같은 조치의 배경은 누구나 어렵지 않게 짐작할 수 있었다. 〈래플러〉는 두테르테 대통령 취임 전부터 그를 지속적으로 비판해온 매체 중 하나다.

〈래플러〉 법인 등록은 취소되었지만

마닐라의 대표적 상업지구인 패시그 시티에 위치한 〈래플러〉 편집국을 찾은 날, 뉴스룸은 발 디딜 틈 없이 사람들로 가득 차 있었다. 웃음과 박수 소리 등이 연달아 터져 나왔다. 존립 위기를 맞은 언론사의 모습으로는 상상하기 어려운 활기가 느껴졌다. 〈래플러〉 뉴스룸의 상징인 원형 책상이 눈에 띄었다. 설립자인 마리아 레사(Maria Ressa) 편집국장이 좋아하는 영화 〈스타트렉〉의 우주선 내부 모양을 본뜬 형태다. 그 가운데에서 누군가가 마이크를 잡고 있었다. '핵 소사이어티'(hack society) 행사였다. 디지털 기술을 활용해 어떻게 하면 더 나은 사회를 만들 수 있는지 그룹별로 아이디어 경연을 벌이는 자리다. 핵 소사이어티는 유엔개발계획(UNDP)의 지원을 받는 연례행사로 빈곤, 기후변화, 미디어와 민주주의 등을 주제로 다룬다. 외부 전문가와 〈래플러〉 구성원들이 심사위원이다. 뉴스룸을 방문한 시각, 한 팀이 인공지능을 이용해 가짜 뉴스를 구별할 수 있는 기술에 대해 발표하고 있었다. 질문이 쏟아졌다. 〈래플러〉 디지털 커뮤니케이션 책임자 스테이시 드 지저스는 "오늘만 그런 건 아니에요. 뉴스룸에서 워낙 다양한 행사가 열리고, 우리끼리도 소통이 자유롭기 때문에 평소에도 비슷한 분위기라고 보면 돼요"라고 말했다.

〈래플러〉는 필리핀에서 최초로 순수하게 온라인을 기반으로 설립된 매체다. 2011년 페이스북 페이지로 시작해 2012년 1월 홈페이지를 열었다. 시작은 CEO 겸 편집국장인 마리아 레사의 아이디어였다. CNN 동남아시아 지국장 출신인 그는 방송국 프로듀서 출신의 베스 프론도소와 함께 종전과 다른 방식의 매체를 모색했다. '시민 참여 시대에 텔레비전이 어떻게 변할까?' '저널리즘은 어떻게 변할까?' '시민들이 어떻게 참여할 수 있을까?' '어떻게 이 모든 것이 민주주의를 강화할 수 있을까?' 주간지와 방송국 등에 몸담았던 동료 두 명도 합류해 고민을 나눴다. 설립을 함께 구상한 네 사람은 모두 언론사 경력이 있는 여성이다.

마리아 레사는 지인이던 은행 임원, 인터넷 기업가 등을 만나 초기 투자 자금을 논의했다. 이 과정에서 시사 주간지 〈뉴스 브레이크〉와 함께 온라인 기반의 매체를 만들기로 방향을 정했다. 필리핀은 2017년 기준 SNS 접속 시간이 하루 평균 4시간 17분으로, 세계 1위에 이를 정도로 인터넷 이용률이 높은 나라다. 미디어 회사 '돌핀 파이어'와 온라인 사업을 지원하는 '해치드'도 투자에 합류했다. 창업 초기 주주들은 기자들에게 편집권과 경영권을 보장하는 협정에 서명했다. 현재 기자들이 회사 지분의 34.42퍼센트를 소유하고 있다. 최대 주주도 32퍼센트를 넘지 않는다. 매체의 독립성을 고심한 끝에 마리아 레사가 CEO와 편집국장을 겸했다.

〈래플러〉는 스스로를 '소셜 뉴스 네트워크'라고 정의한다. '새로운 관점을 제공하고, 지역사회에 참여하는 데 영감을 주며, 사회적 변화를 위해 행동하도록 한다.' 2015년에는 유엔에 기반을 둔 세계 정상회의 어워드(WSA)가 선정한 '최고의 디지털 혁신' 40개 중 하나로 꼽히기도 했다. 성공적인 미디어 스타트업으로 주목받았고 짧은 시간에 필리핀에서 가장 영향력 있는 온라인 매체로 자리 잡았다.

필리핀 경찰과 갱단의 커넥션 포착

두테르테 대통령과 각을 세우기 시작한 건 2016년, 그가 대선에 출마하면서다. 2016년 대선은 그동안의 선거와 전혀 달랐다. 디지털 커뮤니케이션 책임자 스테이시 드 지저스(Stacy de Jesus)는 "소셜 미디어의 영향력을 교묘하게 이용한 선거였어요. 두테르테 캠프가 SNS에서 영향력 있는 유명 인사를 스카우트해 갔습니다. 모카 우손 같은 사람이 대표적인데요. 섹시 댄서로 유명한 그를 비롯해 팔로어가 많은 유명 인사들이 두테르테 편에서 사실 관계가 다른 뉴스나 정보를 퍼다 날랐습니다"라고 말했다. 〈래플러〉는 얼마 뒤 인터넷과 소셜 미디어가 어떻게 정치적 무기가 되었는지 살펴본 '프로파간다 시리즈'를 내보냈다. 페이스북에서 유

〈래플러〉 뉴스룸 유리벽에는 취재 구상이나 아이디어를 메모한 흔적이 남아 있다.

통되는 가짜 뉴스의 흐름을 분석한 뒤 페이스북 계정 26개가 3백만 명이 넘는 이용자에게 가짜 뉴스를 전파한 사실도 밝혀냈다. 이 과정에서 페이스북 본사에 해당 계정을 삭제해 달라고 요구하기도 했다. 가짜 뉴스 중에는 '〈래플러〉가 미국 CIA의 소유'라는 내용도 있었다. 2017년 〈래플러〉는 전 세계 56개국 팩트체커 225명이 가입한 국제팩트체킹연대(International Fact Checking Network, IFCN)의 회원이 되었다.

또 하나 주목받았던 보도는 두테르테의 '마약전쟁'을 비판한 '처벌받지 않음' 시리즈다. 두테르테 대통령은 취임 직후 무관용 원칙을 내세우며 마약과의 전쟁을 선포했고 경찰은 곳곳에서 마약중독자를 즉결 처형했다. 2018년 9월 경찰은 마약중독자 5천여 명을 사살했다고 발표했지만 인권 단체는 1만 명 이상으로 추정한다. 〈래플러〉는 마약중독자의 죽음을 상세히 다뤘다. 6개월 이상 추적한 결과 경찰이 갱단에게 살인을 외주화하고 있는 정황을 포착하고 실제 살인 청부업자를 만나 인터뷰했다. 마약중독자를 죽이기 위해 돈을 받고 고용된 업자들이 있고 경찰과 그들 사이 커넥션이 있다는 증언까지 들었다. 경찰은 이전까지 그런 사실을 부인해 왔다.

독자들의 반응은 뜨거웠다. 하지만 두테르테 지지자들은 이 보도를 진영 논리로 '해석'했다. 〈래플러〉의 설립자 중 한 명이자 탐사보도 분야 책임자인 채이 호필레냐(Chay Hofileña)는 이렇게 말했다. "두테르테와 그의 지지자들은 우리가 그를 싫어해 무작정 비판한다고 합니다. 어느 날 소셜 미디어에 마약중독자에게 죽임을 당한 모녀의 참혹한 사진이 올라왔습니다. 대통령 지지자들이 우리에게 너흰 왜 이런 거에 대해서는 안 쓰느냐고 비난했습니다. 출처를 따지다 보니 브라질에서 온, 가짜 사진이었어요. 우린 진실을 보도할 뿐입니다. 두테르테 대통령만 비판하는 것이 아니에요."

이 기사를 읽고 어떤 느낌이 드나요?

〈래플러〉의 강점은 탐사보도에만 있지 않다. 디지털 커뮤니케이션 책임자 스테이시 드 지저스는 그들만의 특징을 세 가지로 축약했다. '뉴스, 테크놀로지, 커뮤니티'다. 그는 〈래플러〉가 미디어 회사이자 테크놀로지 회사라는 점을 강조했다. 필리핀에서 온라인을 가장 잘 이해하는 매체라는 의미다. "선전물이나 가짜 뉴스가 돌아다닐 때 우리는 온라인 세계를 잘 알기 때문에 정확한 출처를 조사하고 데이터를 바로잡을 수 있습니다." 최근에는 데이터를 시각화해 보여 주려 노력한다. 이를 위해 데이터 저널리즘을 다루는 리서치 팀을 따로 두었다.

또 다른 특징은 뉴스 생산 과정에 독자들의 참여를 이끈다는 점이다. 〈래플러〉는 '아랍의 봄' 당시 소셜 미디어가 민주화에 기여했다는 데 주목했다. 소셜 미디어를 활용하면 기사를 읽는 데 그치지 않고 행동으로 연결할 수 있지 않을까? 이런 노력 끝에 아고스 플랫폼을 개발했다. 아고스는 시민 참여를 통해 지역사회가 자연재해에 유연하게 대처하도록 돕는 플랫폼이다. 재해가 잦은 필리핀 사회에 적합한 서비스다.

생각이 행동으로 이어질 수 있도록 만드는 또 다른 아이디어 중 하나가 감정 측정기(mood meter)이다. 〈래플러〉의 모든 기사에는 '이 기사를 읽고 어떤 느낌이 드나요?(How does this story make you feel?)'라는 감정 측정기가 달려 있다. 기사를 읽고 난 뒤 자신의 감정을 표현할 수 있다. 행복, 슬픔, 화남, 상관 안 함, 짜증 남, 즐거움, 두려움, 영감을 얻음 등 8가지 기분이다. 자신뿐 아니라 다른 이들의 선택도 알 수 있다. 많이 선택한 '감정'일수록 크게 표시된다. 〈래플러〉의 스테이시 드 지저스는 "기사에 대한 압도적인 생각이나 기분을 즉각적으로 알 수 있습니다. 어떤 기분인지 알면 어떤 행동을 취할지도 자연적으로 알게 되죠"라고 말했다. 두테르테 대통령의 마약 전쟁을 다룬 기사에는 '화남'의 반응이 선명했다.

기사 생산 과정은 기존 매체와 비슷하지만 좀 더 간결하다. 경험이 많은 베테랑 기자와 온라인에 밝은 젊은 기자, 둘의 파트너십이 핵심이다. 대학, NGO, 정부기관, 시민단체 등 이른바 커뮤니티 그룹의 도움도 중요하다. 가령 젠더 이슈의 경우, 두테르테 대통령이 여성 비하 발언을 할 때 시민단체가 〈래플러〉에 그의 발언 어디가 잘못되었는지를 짚어 준다. 시민들의 요구를 받아들여 기사를 작성하기도 한다. 다루기 어려운 지역 뉴스를 해당 주민에게 직접 받기도 한다. 〈래플러〉의 시민참여형 모델을 설명할 때 한국의 〈오마이뉴스〉를 언급하기도 했다.

2012년 12명으로 시작한 〈래플러〉는 6년 만에 80여 명 규모로 늘어났다. 처음엔 직원 1인당 책상 하나를 썼지만 협업이 수월

하도록 큰 책상으로 바꾸었다. 기자들은 기사, 사진, 영상, 편집 등 1인이 멀티플레이를 한다. 취재진이 〈래플러〉를 방문한 날도 기자들 몇 명이 영상 편집과 동시에 기사 작성을 하고 있었다. 뉴스룸 곳곳에 유리벽으로 된 회의실이 있었다. 취재 구상이나 아이디어를 메모한 흔적이 그대로 보였다.

법치는 버려졌다. 원칙과 상식만 따르겠다

정부의 언론 탄압이 본격화되면서 광고 수익이 줄었다. 스스로의 강점인 스토리텔링을 활용해 네이티브 광고를 제작하는 것으로 위기를 돌파하고 있다. 기술을 기반으로 한 각종 플랫폼도 제작한다. 아고스는 자연재해에 관심이 많은 오스트레일리아 정부 등에서 기금을 지원받았다. '핵 소사이어티' 같은 행사도 지원금을 받는 통로다. 물론 후원금도 받는다.

 〈래플러〉는 현재 법인 등록 취소에 불복해 제소한 뒤 법원 판단을 기다리고 있다. 대통령궁 출입만 금지당한 게 아니라 대통령이 참여하는 모든 행사를 취재할 수 없다. 현재로서는 살아남는 게 지상 과제다. 가장 큰 위험 요인은 아직 두테르테 대통령의 임기가 3년이나 남았다는 사실이다. 〈래플러〉 설립자 중 한 명인 채이 호 필레나는 "법치는 창밖으로 버려졌어요. 지금껏 경험했듯 그들은 기회를 잡으면 정당한 절차 없이 우리를 문 닫게 할 것입니다. 하지만 쉽게 그렇게 하도록 놔두지는 않을 것입니다. 원칙과 상식을 따르면 됩니다. 우린 독립적이고 자유로운 언론으로서 자부심을 갖고 있어요. 창의적인 아이디어로 위기를 돌파할 수밖에 없어요"라고 말했다. 그의 우려대로 위기는 금세 왔다. 2018년 11월 11일 필리핀 검찰은 〈래플러〉를 조세 포탈 혐의로 기소할 방침이라고 밝혔다.

뉴스룸을 둘러보고 나오는 길, 그날 행사의 수상자가 정해지고 환호와 박수 소리가 들렸다. 문득 〈래플러〉의 의미가 떠올랐다. '토론하기(rap) + 파도 만들기(ripple).' '언론의 무덤'으로 불리는 아시아에서 〈래플러〉가 전에 없던 파도를 만들어 내고 있었다. 이미 거스르기 어려운 거대한 물결이었다.

'가짜 뉴스'를 판별하는 비영리 언론기관
필리핀 〈베라파일〉

필리핀은 소셜 미디어를 통한 허위 정보의 확산에 취약한 국가 중 하나다. 페이스북은 국가마다 제3의 기관으로 하여금 '팩트체크'를 통해 가짜 뉴스 여부를 판단하도록 하고 있다. 필리핀에서는 〈래플러〉와 〈베라파일〉(VERA Files)이 그 검증 기관이다.

2008년 6월, 베테랑 여성 저널리스트 6명이 의기투합해 단발성 기사를 지양하고 심층보도를 추구하는 매체를 창간했다. 독립성을 확보하기 위해 비영리 단체로 시작했다. 〈베라파일〉은 2017년, 필리핀 언론 최초로 국제팩트체킹연대(IFCN)의 회원이 되었다. 기자 10여 명이 한 달 동안 팩트체크 기사 30여 개를 내보낸다. 〈베라파일〉이 페이스북상의 어떤 콘텐츠를 '가짜'라고 분류하는 순간, 해당 게시물의 노출 정도가 현격히 줄어든다. 만일 누군가 그 게시물을 공유할 경우 가짜 뉴스로 분류된 콘텐츠라는 '팝업 창'을 보게 된다.

가짜 뉴스를 판별하는 데 짧게는 몇 시간, 길게는 몇 달이 걸린다. 가장 손쉬운 방법은 콘텐츠의 출처를 찾아 원본과 비교하는 것이다. 긴 시간이 걸리는 건 대체로 정부기관의 공식 문서를 검토할 때다. 두테르테 정권 들어 정부 데이터에 접근하는 일이 까다로워졌다. 〈베라파일〉은 2018년, 에르토프린세사 지역 축제에 참여한 대통령의 연설에서 사실관계가 틀린 곳 9군데를 발견했다. 두테르테 정부가 벌이고 있는 '마약전쟁'의 근거가 되는 데이터도 틀렸다는 걸 밝혀냈다. 당시 정부는 전국의 마약중독자가 총 400만 명이라며 근절해야 한다고 주장했는데 공식적인 데이터는 180만 명이었다. 정부 정책의 기초가 되는 자료가 거짓이었던 셈이다. 또한 정부는 마약 근절을 위해 싸우는 동안 매일 2명의 경찰을 잃었다고 주장했지만 확인 결과 20일마다 평균 3명이 죽었다. 엘렌 토르데실라스(Ellen Tordesillas) 〈베라파일〉 대표는 "가짜 뉴스는 민주주의를 저해하고 혼란을 줍니다. 그것과 싸우는 데 단지 팩트체크로는 충분하지 않다는 여론도 있지만 하나의 방법인 것만은 분명합니다"라고 말했다.

언론인의 무덤 위에 군림하는 필리핀 정부

2009년 11월 23일 오전, 필리핀 남부의 마긴다나오 주에 위치한 암파투안 마을로 차량 6대가 들어섰다. 어디선가 무장 괴한 100여 명이 나타나 차에 타고 있던 58명을 납치해 살해했다. 그중 32명이 지역 신문과 방송국의 기자·카메라맨이었다. 여성의 경우, 살해당하기 전 성폭행을 당한 정황이 드러나기도 했다. 사건의 배후로 안달 암파투안 마긴다나오 주지사가 지목되었다. 그는 이스마엘 망우다다투 불루안 시 부시장이 주지사 선거 출마를 선언할 때부터 철회를 종용하며 협박해 왔다. 차에 타고 있던 이들은 망우다다투의 주지사 후보 등록에 동행하기 위해 길을 나섰다 변을 당했다.

하루 동안 숨진 언론인 숫자로는 사상 최대 규모였다. 피고인이 약 2백 명, 증인이 3백여 명에 이르렀다. 암파투안 주지사 일가 사람들도 살인 혐의로 기소되었지만 금세 풀려났다. 재판은 더뎠고, 용의자 수십 명이 증거 불충분으로 풀려나면서 지역 검찰이 뇌물을 받았다는 주장도 흘러나왔다. 재판은 아직도 진행 중이다. 암파투안 테러 사건은 필리핀의 언론 환경을 단적으로 보여준다.

필리핀 언론대학교에서 저널리즘을 가르치고 은퇴한 뒤 현재 언론자유센터(CMFR) 이사로 있는 루이스 테오도로(Luis Theodoro)는 "죄를 지어도 처벌을 받지 않는 게 필리핀의 문화이고 비극입니다"라고 말했다. 언론자유센터는 1989년 언론 자유를 보호하기 위해 만들어진 비영리 단체다. 언론 보도를 모니터링하고 언론 자유를 위협하는 대상을 감시한다. 이들은 1986년 4월부터 현재까지 살해당한 언론인의 데이터베이스를 구축해 놓았다. 웹페이지에 들어가면 살해당한 언론인의 사망 장소가 지도에 일목요연하게 표시되어 있다. 집계에 따르면 지금까지 저널리스트 157명이 살해되었다. 죽임을 당한 기자의 이름, 매체명, 사망 장소, 날짜 등의 정보도 함께 표시된다. 피해자들 대부분이 지역 언론 종사자다. 90퍼센트가 업무와 연관된 죽음이었다. 지역 정부의 부정부패나 범죄와 관련된 기사를 쓰다가 원한을 사 보복을 당했다. 지역 경찰, 정부, 군인 등 권력집단이 배후로 의심받았지만 처벌까지 이어진 사례는 드물다.

필리핀의 언론 환경은 늘 자갈밭이었다. 1970~1980년대 독재자 페르디난드 마르코스는 계엄령을 선포하고 언론을 자신의 통제하에 두었다. 독재정권은 막을 내렸지만 글로리아 아로요 전 필리핀 대통령 시절에는 헌법에 보장된 '언론의 자유'를 '언론의 자유에 대한 책임 있는 행사'로 바꾸려고 했다. 최근에도 같은 시도가 되풀이되고 있다. 기자에게 '자격증 제도'를 도입해야 한다는 주장도 있다. 두테르테 정부는 정부에 비판적인 언론을 향해 가짜 뉴스를 생산한다고 몰아세우거나 세무조사를 벌인다. 2018년 1월, 갑작스러운 법인 등록 취소로 위기를 맞은 〈래플러〉

를 비롯해 〈베라파일〉 같은 매체는 정부가 생산하는 가짜 뉴스의 유통을 가까스로 방어하고 있다. 필리핀기자협회의 레이먼드 빌라누바(Raymond Villanueva) 사무총장은 "같은 임기 동안 다른 대통령보다 많은 저널리스트가 죽었습니다. 소셜 미디어를 이용해 가짜 뉴스를 만들고 그걸로 협박하는 게 특징이에요. 언론인의 죽음을 정당하다고 말한 것부터가 최악입니다"라고 말했다.

필리핀기자협회가 만든 '저널리스트 안전 가이드' 매뉴얼에는 취재와 관련해 구체적인 지침이 나와 있다. 현장에 갈 때는 출구를 미리 알아 두어야 한다거나, 가방을 쌀 때 무엇을 챙겨야 하는지까지 구체적으로 조언한다. 이 매뉴얼은 안전에 취약한 필리핀 언론 환경을 그대로 보여 준다. 필리핀 사회에서 기자는 위험하고 월급이 적은 직업으로 인식되어 있다. 테오도로 언론자유센터 이사는 "미디어와 관련된 학과가 전국에 1백 개 이상 있지만 기자를 지원하는 이들은 상대적으로 적습니다"라고 말했다.

열악한 근무 조건이 종종 정치권과 언론의 결탁을 부추기기도 한다. 두테르테 대통령이 말하는 '부패한 언론인'의 탄생 배경이다. 마닐라에서 만난 언론 종사자들은 그래도 필리핀이 동남아시아 다른 국가들보다는 상황이 나은 편이라고 말했다. 싱가포르, 말레이시아, 타이, 베트남의 경우 언론이 국가의 강력한 통제 아래 있기 때문이다. 테오도로 이사는 "필리핀의 경우, 언론 자유를 위해 어쨌거나 싸우고 있습니다. 그런 면에서 다른 나라보다 사정이 나은 편이에요. 최소한 비판하는 기사를 내보낼 수는 있죠"라고 말했다. 남은 과제는 언론인들의 연대라고 그는 강조했다. 빌라누바 필리핀기자협회 사무총장도 희망을 말했다. "(지금처럼 마약전쟁 등으로) 사람들이 많이 죽으면 저널리스트 역시 죽습니다. 언론과 사회의 수준은 같이 갈 수밖에 없어요. 그걸 막기 위해 누군가는 할 일을 해야 합니다. 위험이 있는데도 이 길을 가려는 사람들이 있습니다. 언제나 조금씩은 있어 왔지요."

3부.

탐독과 오늘: 유럽 탐사보도

저널리즘의 본고장이라는 유럽도 상황은 심상치 않다. 플랫폼의 변화, 뉴미디어의 등장과 같은 격랑이 미디어 업계를 시시각각 위협하고 있다. 이 와중에 차별화된 탐사보도로 생존의 돌파구를 찾는 유럽 언론의 뉴스룸을 김동인 〈시사IN〉 기자가 찾아가 보았다.

1장.

스페인 〈엘파이스〉, 온라인 순풍 탄 젊은 언론의 '대항해시대'

〈엘파이스〉(El País)

설립. 1976년 5월.

편집국 현황. 스페인 마드리드 본사, 바르셀로나 지사, 멕시코 멕시코시티 지사, 브라질 상파울루 지사, 미국 워싱턴 D.C. 지사.

규모. 스페인 마드리드 편집국 기자 약 300명, 멕시코·브라질 편집국 기자 약 100명.

출판 방식. 타블로이드 지면 출판(스페인어·카탈루냐어), 웹사이트 5개 언어(스페인어·카탈루냐어·멕시코 스페인어·포르투갈어·영어), 모바일 애플리케이션.

독자. 2016년 하루 평균 19만 4,005부 판매, 온라인 접속자 월 평균 4,000만 명.

소셜 미디어. 페이스북 구독자 약 383만 명, 유튜브 구독자 약 9만 6,800명, 트위터 팔로어 약 645만 3,100명.

거리마다 스페인 국기가 펄럭였다. 발코니에 국기를 내건 가정집을 찾는 것도 어렵지 않았다. 2017년 10월 9일, 스페인 수도 마드리드에는 바르셀로나 못지않은 긴장감이 감돌았다. 가판대에 진열된 신문에는 전날 바르셀로나에서 열린 카탈루냐 독립 반대 집회 사진이 1면을 장식했다.

카를레스 푸지데몬 카탈루냐 자치정부 수반(2017년 10월

2016년 창간 40주년을 맞은 〈엘파이스〉는 디지털 전략에 맞추어 뉴스룸을 개편했다.

27일 자격 박탈)의 일거수일투족에 이목이 쏠렸다. 이날만 해도 푸지데몬 수반의 독립 선언 여부가 초미의 관심사였다. 2017년 10월 7일, 마리아노 라호이 총리는 한 스페인 언론과의 인터뷰에서 '법의 테두리에서 가능한 한 모든 방안을 완전히 배제하지 않겠다'고 말했다. 전 세계 주요 언론이 이 인터뷰를 비중 있게 다뤘고, 온라인에 공개한 인터뷰 동영상도 화제를 모았다. 이 신문의 이름도 덩달아 오르내렸다. 스페인 유력 일간지 〈엘파이스〉였다.

마드리드 시내 가판대에 놓인 〈엘파이스〉의 1면은 다소 심심했다. 사진이나 광고는 최소화했다. 고집스럽게 글자로 가득 채운 1면이 오히려 눈에 띄었다. 〈엘파이스〉는 〈엘문도〉(El Mundo) 〈아베세〉(ABC) 〈라방과르디아〉(La Vanguardia) 등과 함께 스페인을 대표하는 중앙 일간지다. 〈라방과르디아〉는 카탈루냐를 기반에 둔 매체이고, 〈엘문도〉나 〈아베세〉는 보수적 유권자를 대변한다. 그에 비해 〈엘파이스〉는 중도·개혁적 성향을 내세우면서도 판매 부수 1위를 유지하고 있다.

〈엘파이스〉의 역사는 상대적으로 짧다. 독재자 프란시스코 프랑코가 사망한 직후인 1976년 5월에 창간했다. 〈엘파이스〉가 등장하기 전까지 스페인 언론계는 정권에 우호적인 목소리가 대부분이었다. 당시 신생 매체 〈엘파이스〉는 국제면에 힘을 실으며 '세계 주요국의 정보를 얻을 수 있는 고급지' 성격을 강화했다. 이는 권위주의적 색채가 강하던 스페인 정론지 시장을 뚫는 데 원동력이 되었다.

온라인 체제 전환 발걸음도 빨랐다. 온·오프라인을 통틀어 매체 전반의 신뢰도와 영향력이 높아졌다. 로이터 저널리즘 연구소가 발행한 '디지털 뉴스 리포트 2017'에 따르면, 스페인 독자 가운데 27퍼센트가 주 1회 이상 〈엘파이스〉 종이판을 읽고, 29퍼센트는 주 1회 이상 온라인 홈페이지를 방문하는 것으로 나타났다. 인쇄 매체 가운데 열독률 1위, 인터넷 홈페이지는 모든 사이트를 통틀어 접속률 1위를 기록했다.

절박함이 만들어낸 '디지털 퍼스트'

2017년 10월 방문한 〈엘파이스〉 본사는 마드리드 동쪽 끝 산블라스카니예하스 구에 자리 잡고 있었다. 총 3개 동으로 구성된 이곳에는 〈엘파이스〉 외에도 스포츠 전문 매체 〈아스〉(AS), 〈허핑턴포스트〉의 스페인어 버전인 〈엘허핑턴포스트〉, 경제 전문 매체 〈신코디아스〉(Cinco Días) 등이 모여 있다. 모두 모기업 '프리사'(Prisa) 산하 매체다. 프리사 그룹은 2005년부터 프랑스 일간지 〈르몽드〉의 증자에도 참여해, 현재 〈르몽드〉 전체 지분의 약 9.6퍼센트를 확보하고 있기도 하다.

뉴스룸은 크게 두 개 층으로 나뉘어 있다. 건물 2층 편집국은 탐사보도팀을 비롯해 주말판·비즈니스·개발팀·영문판 기자들이 모여 있었다. 내부 계단으로 올라가 3층 메인 뉴스룸에 들어서자, 시끌벅적한 목소리가 폭 25m, 길이 80m 규모의 '방패연' 모양 뉴스룸을 가득 채웠다. 편집 부국장인 다비드 알란데테(David Alandete)는 직사각형 공간의 정중앙 컨트롤 데스크에서 에디터들에게 계속 지시를 내리고 있었다. 반원형으로 제작된 컨트롤 데스크(4석)에는 알란데테 편집 부국장을 비롯해 지면 담당, 디지털 담당, 정보 담당 부국장이 자리했고, 그 주변에는 각 분야 에디터가 자리를 잡았다. 컨트롤 데스크 전면에는 가로 5m가 넘는 대형 '비디오 월'(영상 벽)이 카탈루냐 의회 상황을 송출하고 있었다. 컨트롤 데스크 뒤편으로는 투명 유리로 공간을 분리해둔 영상 촬영 스튜디오가 마련돼 있었다. 투명 유리로 된 스튜디오에서는 마침 영상 촬영을 준비하려 방송용 조명을 가동하기 시작했다.

"원래는 이러지 않았는데, 작년에 뉴스룸 구조를 싹 바꿨습니다. 아래층과는 분위기가 많이 다르죠?" 한 기자가 3층 뉴스룸의 분위기에 대해 이렇게 설명했다.

창간 40주년을 맞은 2016년, 〈엘파이스〉는 뉴스룸 전체를 재구축했다. 핵심은 디지털 퍼스트(digital first)다. 디지털로 기사를 먼저 내보내고, 디지털 기사를 바탕으로 지면 기사를 재편집한다. 공간도 리모델링했다. 컨트롤 데스크를 중심으로 스포츠, 경제, 국제, 스페인 국내, 라이프스타일, 디지털 지원 팀이 방사형으로 자리 잡고 있었다. 뉴스룸은 24시간 가동된다. 새벽 5시부터 밤 12시까지 마드리드 본사가 디지털 뉴스를 담당하고, 자정부터 새벽 5시까지 멕시코 지사가 디지털 뉴스를 커버한다.

이 같은 변화는 절박함에서 비롯됐다. 2012년 스페인 전역을 뒤흔든 금융위기의 여파를 벗어나지 못한 〈엘파이스〉는 전체 기자 440명 중 129명을 해고하는 대규모 구조조정을 단행했다. 구조조정 대상자는 대부분 종이 지면에 익숙한 기자들이었다. 이후 〈엘파이스〉는 본사 기자 300여 명 규모를 유지하고 있다. 구조조정의 상흔이 남은 채로, 2014년 안토니오 카뇨 편집국장 체제가 출범했다. 조직은 자연스럽게 디지털 중심으로 재편되었지만 경영지표가 크게 개선되지는 않았다. 조직 전체가 디지털 전환에 나섰지만, 여전히 매출액의 85퍼센트(2016년 기준)는 종이 지면에서 비롯된다. 문제는 스페인 광고 시장에서 종이 지면의 비중이 점차 낮아지는 추세라는 점이다. '미디어 핫라인'(Media Hotline)과 '아르세 미디어'(Arce Media)가 발표한 2016년 광고투자지수 보고서에 따르면, 2009년 약 11억 5,810만 유로(약 1조 5,000억 원)였던 스페인 인쇄 광고 시장은 2016년 약 5억 6,000만 유로(약 7,260억 원)로 급감했다. 그 사이 디지털 광고 시장은 지속적으로 성장해 2009년 약 5,750만 유로(약 745억 원)에서 2016년 2억 1,460만 유로(약 2,780억 원)로 급증했다. 2016년 스페인 전체 광고 투자의 26퍼센트가 디지털 부문이었다.

〈엘파이스〉에게 변화는 선택이 아닌 필수였다. 디지털 전환으로 수익구조를 단번에 개선하지는 못했지만, 새로운 기회를 찾아내기도 했다. 광활한 스페인어권 시장의 잠재력을 확인한 것이다. "홈페이지를 찾는 독자 중 절반가량이 중남미에서 접속합니다." 알란데테 부국장은 온라인을 통한 시장 확대를 이렇게 설명했다.

5개 언어로 제공되는 온라인 기사

중남미에서 1천만 명 이상이 접속하고, 이를 충족시키기 위해 중남미 지역 보도를 점차 확대하는 추세다. 〈엘파이스〉 온라인 기사는 총 5개 언어로 제공된다. 스페인어, 카탈루냐어, 멕시코 스페인어(아메리카), 포르투갈어(브라질), 영어 등이다. 중남미 핵심 지사는 멕시코와 브라질이다. 이 밖에도 워싱턴 D.C.에 별도 지사를 마련해 운영하고 있다. 알란데테 부국장도 워싱턴 D.C. 지사에서 오랫동안 일했다.

스페인어권에서 가장 규모가 큰 정론지라는 이점은 2011년 위키리크스 사태에서도 증명됐다. 당시 〈가디언〉〈뉴욕타임스〉〈슈피겔〉 등과 함께 대규모 폭로를 준비 중이던 줄리언 어산지는 〈르몽드〉와 〈엘파이스〉에도 합류를 요청했다. 프랑스어권과 스페인어권에서도 위키리크스의 폭로가 알려지길 원해서였다.

탐사보도의 취재 영역도 덩달아 넓어졌다. 탐사보도팀을 이끄는 호세 마리아 이루호(José María Irujo) 기자는 '오데브레트'(Odebrecht) 사례를 설명하며 이 같은 추세를 설명했다. 브라질 유력 건설기업인 오데브레트가 브라질·에콰도르·파나마 등 중남미 12개국 정치인들에게 불법 정치자금을 제공한 것으로 드러나 파장을 일으켰다. 탐사보도팀은 2017년 7월, 3개월간 추적과 설득 끝에 오데브레트 내부 인사인 타클라 듀란(Tacla Durán) 변호사와 인터뷰하는 데 성공했다. 중남미 핵심 이슈를 단순히 지사에 맡기는 수준이 아니라, 〈엘파이스〉 본사 차원에서 직접 파고든 끝에 얻어낸 결과였다. 알란데테 부국장은 "장기적으로 중남미 대륙 전체를 다루는 게 〈엘파이스〉의 목표입니다"라고 말했다.

경영도 기자 보호 위해 존재한다

〈엘파이스〉의 출발은 민주주의의 복원이었다. 긴 독재를 끝내고, 지식인을 위한 고급 정론지를 목표로 발전해 왔기에 경영권과 편집권 사이의 장벽은 여전히 중요했다. 〈엘파이스〉와 모기업 프리사 그룹 간의 관계는 다소 복잡 미묘하다. 〈엘파이스〉로 시작한 미디어 사업은 다양하게 확장됐다. 각종 인수 합병을 거쳐 프리사

〈엘파이스〉은 디지털 중심으로 재편하며 온라인 기사를 5개 언어로 제공하고 있다.

는 스페인뿐 아니라 포르투갈과 중남미에서 텔레비전, 라디오 등 다양한 미디어를 보유하고 있다. 스페인어권 전체에 교과서와 교재, 교육 솔루션 등을 제공하는 교육 전문 출판사 산티야나(Santillana)도 프리사 그룹의 핵심 일원이다. 스페인에서는 이미 언론재벌로 손꼽히는 규모다.

경영진이 편집국의 보도 방향에 영향을 끼치는 게 스페인에서도 가능할까? 알란데테 부국장은 "1976년에 만들어진 내부 규율·규칙이 있습니다. 경영은 편집국 보도 방향에 영향을 끼칠 수 없다는 내용이에요. 이게 편집권을 지키는 데 상당히 도움이 되고 있습니다"라고 말한다. 그는 이렇게 덧붙였다. "결국 경영도 신문기자를 보호하기 위해 존재하는 것입니다."

지난 40여 년 동안 〈엘파이스〉는 성장하는 미디어였다. 편집권 독립을 훼손하려는 이들로부터 힘으로 맞설 수 있었다. 지면에서 광고를 최소화하고, '긴 기사'가 거침없이 지면을 차지하면서도 경제적으로 안정될 수 있었다. 현실은 점차 냉혹해지고 있다. 2015년 프리사 그룹이 매체 판매를 통해 벌어들인 수익은 약 9,613만 유로, 우리 돈으로 1,247억 원 정도다. 2007년 판매 수익이 2억 1,000만 유로였던 걸 감안하면, 대폭 감소한 수치다. 광고 수익 역시 2007년 11억 2,227만 유로에서 2015년 4억 9,756만 유로로 절반 이상 하락한 것을 알 수 있다. 2010년까지만 해도 37만 부 이상이던 〈엘파이스〉 평균 판매량은 2016년 19만 4,005부로 떨어졌다. 금융위기와 디지털 변화의 후폭풍이었다. 안토니오 카뇨 편집국장 체제 이후 위기를 벗어나기 위해 여러 시도를 하고 있지만, 일부 스페인 언론은 〈엘파이스〉의 광고 매출 비중이 점차 높아지는 것을 우려하기도 한다. '미래에 확실한 것은 아무것도 없다'라던 카뇨 편집국장의 발언처럼, 〈엘파이스〉는 위기 속에서도 다양한 시도를 꾸준히 이어가고 있었다.

디지털은 미래가 아닌 현재다
다비드 알란데테 〈엘파이스〉 편집 부국장

중동과 미국에서 오랫동안 국제 뉴스를 담당한 다비드 알란데테 〈엘파이스〉 편집 부국장은 39세의 젊은 나이에 제작 및 유통 분야를 책임지고 있다. 〈엘파이스〉 편집국 컨트롤 데스크에서 그를 만났다.

Q 편집권 독립은 어떻게 보장되어 있나?
A 편집진과 경영진이 독립적으로 일한다. 서로 마주칠 일이 없다. 편집권 독립에 관해 1976년에 만들어둔 회사 내부 규율·규칙이 있다. 이게 편집국을 운영하는 데 상당히 도움이 된다.

Q 디지털 중심 변화가 편집국에 어떤 영향을 끼쳤나?
A 상당히 큰 변화가 있었다. 2년 전만 해도 이런 분위기가 아니었다. 지금은 기사를 디지털로 먼저 보낸다. 디지털은 미래가 아니라 현재다. 모바일이나 소셜 미디어가 중요하다. 다만 예상치 못한 문제가 생기기도 한다. 기사를 쓴 기자가 직접 여론의 비판 대상이 되는 일도 있다.

Q 독자층에도 변화가 있었나?
A 많이 늘었다. 절반 가까이가 중남미에서 접속한다. 앞으로 아메리카 대륙을 전부 다루는 게 목표다. 현재 〈엘파이스〉가 주력하고 있는 시장은 브라질과 멕시코다.

Q 뉴스 소비가 모바일 중심으로 바뀌었는데, 〈엘파이스〉 특유의 진지하고 긴 기사를 독자들이 읽을까?
A 나는 '디지털 저널리즘'이라는 말을 믿지 않는다. 우리 독자의 페이지뷰를 분석한 결과, 흥미로운 사실을 알 수 있었다. 컴퓨터로 〈엘파이스〉에 접속한 사람들은 긴 글을 좋아하지 않았다. 하지만 모바일로 접속한 사람들은 4~5분, 길게는 10분까지도 그 페이지에 머물며 심도 있는 기사를 읽었다. 모바일은 저널리즘의 본질을 바꾼 게 아니다. 단지 기사를 읽는 방식을 바꿔 주었을 뿐이다.

중요한 건 시간, 신뢰 그리고 좋은 취재원
호세 마리아 이루호 〈엘파이스〉 탐사보도팀 기자

경력 30년차인 호세 마리아 이루호 〈엘파이스〉 기자는 5명으로 구성된 탐사보도팀을 이끌고 있다. 스페인과 남미를 오가며 종횡

무진 활약하는 그에게 미디어 환경의 변화 속에서 탐사보도의 역할을 물었다.

Q 탐사보도팀은 어떻게 운영되는가?
A 총 5명으로 구성되어 있다. 한 명은 바르셀로나에, 나머지 네 명은 마드리드를 중심으로 자유롭게 활동한다. 정치적 부패와 테러리즘, 은행, 비즈니스 분야를 주로 파헤친다. 2017년 10월 현재 멕시코 정치인에 대한 기사를 준비 중인데, 안도라·바하마·케이맨 제도·스위스 등에 있는 비밀 계좌를 추적 중이다. 우리 탐사보도팀은 스페인 외에도 멕시코·에콰도르·도미니카공화국·브라질 등 중남미 지역 대부분을 커버한다.

Q 위층(3층 메인 뉴스룸)과는 분위기가 많이 달라 보인다.
A (메인 뉴스룸은) 매일 빠르게 속보를 처리한다. 우리는 다르다. 모두 같은 시간에 일하지도 않고, 각자에게 자유가 부여된다. 우리에게 중요한 건 시간, 신뢰 그리고 좋은 취재원이다. 이 중에서도 신뢰가 가장 중요하다. 우리 팀 기자들이 어디서 뭘 하든 내가 알 필요는 없다. 탐사보도에서는 자기 기자에 대한 신뢰가 가장 중요하다. 이게 30년 동안 일하면서 쌓아 올린 내 기준이다.

Q 한 기사를 준비하는 데 평균 얼마 정도 시간이 걸리나?
A 2017년 7월에 나간 오데브레트 기사를 예로 들 수 있을 것 같다. 누가 돈을 냈는지 알아내고, 이 인물을 찾아내서 기사를 쓰는 데 3개월이 걸렸다. 14년 전 〈엘파이스〉 리셉션에 폭탄을 설치했던 테러리스트를 2016년 브라질에서 다시 찾아내기까지는 4개월이 걸렸다.

Q   여전히 탐사보도에 투자하는 이유는 무엇인가?
A   디지털 시대에 매체 수가 늘었고, 그만큼 정보의 양도 늘었다. 이런 환경에서 〈엘파이스〉 같은 정론지일수록 좀 더 깊이 들어간 정보, 우리만의 정보를 가져야 한다. 탐사보도는 이 점에서 다른 언론과의 차이를 만들어 준다.

2장.

스페인 〈엘콘피덴시알〉,
전통 미디어를 위협하는 작은 거인

〈엘콘피덴시알〉(El Confidencial)

설립. 2001년 2월.
편집국 현황. 마드리드 본사.
규모. 편집국 기자 약 100명, 기술지원부서 약 40명(프로그래머 20명), 전체 직원 160명.
운영 방식. 디지털 뉴스 사이트 엘콘피덴시알(elconfidencial.com), 라이프스타일 전문 자회사 바니타티스(vanitatis.com).
독자. 2017년 9월 페이지뷰 약 1억 4,000만 회, 2017년 9월 온라인 접속자 약 2,096만 명.
소셜 미디어. 페이스북 구독자 약 78만 4,000명, 유튜브 구독자 약 1만 1,000명, 트위터 팔로어 약 71만 8,000명.

모바일 혁명은 한국 디지털 미디어에게는 기회보다 위기에 가깝다. 일부 허약해진 영세 디지털 미디어는 모바일 화면에 최적화된 페이지를 운영하는 것조차 힘들고, 여전히 네이버나 다음 등 거대 포털의 영향력이 크다. 모바일 페이지뷰를 통한 광고 수익도 PC 화면과 비교했을 때 줄어들었다. 게다가 모바일과 동영상에 최적화된 새로운 2세대 뉴미디어의 역습도 견뎌야 한다.

　2001년 창간한 스페인 디지털 미디어 〈엘콘피덴시알〉의 사정은 다르다. 창간 이래 지금까지 적자 한 번 없이 매해 확장해 왔다. 출발선은 한국 디지털 미디어와 같았다. 하지만 지난 16년간 한국 디지털 미디어가 포털의 그늘 아래 갇혀 뚜렷한 존재감을 남기기 어려워진 반면, 〈엘콘피덴시알〉은 기존 전통 미디어를 위협하는 수준으로까지 급성장했다. 로이터 저널리즘 연구소가 펴낸 '디지털 뉴스 리포트 2017'에 따르면, 스페인 독자의 16퍼센트가 주 1회 이상 〈엘콘피덴시알〉 사이트를 방문한다고 응답했다. 스페인 전체 뉴스 사이트 중 5위, 〈아베세〉나 〈라방과르디아〉 같은 주요 일간지 홈페이지보다 더 높은 수치다. 지면이 없는 순수 디지털 미디어로는 순위권 내에서 유일하다.

스페인 언론 환경이 딱히 디지털 미디어에 우호적인 것도 아니다. 위 보고서에 따르면 스페인 독자의 전통 미디어 의존율은 31퍼센트, 디지털 미디어 의존율은 22퍼센트다. 한국이 각각 23퍼센트(전통 미디어), 28퍼센트(디지털 미디어)인 점과 비교하면, 한국보다 전통 미디어의 브랜드 파워가 더 크다고 볼 수 있다. 이런 시장 환경에서 입지를 공고하게 다진 〈엘콘피덴시알〉의 사례는 전 세계적으로도 유례를 찾기 어려운 '1세대 디지털 미디어의 성공'이라는 평가를 받고 있다.

2016년 순이익은 3백만 유로(약 39억 원), 기자 총 100여 명, 디지털 전문 인력 40여 명. 2017년 10월 11일 방문한 〈엘콘피덴시알〉의 지표다. 1,250m^2의 편집국 공간에는 각종 인포그래픽, 데이터 시트가 벽면 가득 붙어 있었다. 한쪽 벽면에 붙은 'Paper is Dead'(종이 지면은 죽었다)라는 포스터가 눈에 띄었다.

〈엘콘피덴시알〉 가치가 급성장한 이유

"〈가디언〉 기사를 통해 〈시사IN〉이 보도한 삼성 문자 기사 잘 읽었습니다. 무척 인상적이었어요." 나초 카르데로(Nacho Cardero)

스페인 독자의 16%가 주 1회 이상 〈엘콘피덴시알〉 웹사이트를 방문한다.

편집국장이 취재진을 회의실로 안내하며 이렇게 말했다. 2017년 8월 24일자 〈가디언〉이 〈시사IN〉의 삼성 장충기 문자 특종 보도를 인용해 쓴 '삼성: 유출된 문자 언론 조작을 밝히다' 기사를 두고 한 말이었다. 카르데로 편집국장은 회의실 벽면을 손으로 가리키며 "스페인 언론도 대기업으로부터 자유롭지 않습니다. 금융위기 이후 특히 은행의 영향력이 강해졌어요. 다행히 우리는 흑자를 유지하고 있어서 그런 압력에 거세게 대항할 수 있었어요"라고 말했다. 그가 가리킨 회의실 벽면에는 '우리의 사명과 원칙'이라는 글귀가 커다랗게 적혀 있었다. '정치·경제·각종 압력단체로부터 독립을 유지한다. 커뮤니케이션과 상호 존중, 훌륭한 팀워크로 엄격한 저널리즘을 갈고 닦는다. 현재와 미래에 당면한 도전을 해결하기 위해 수익성이 필수임을 잊지 말라.'

'수익성 필수'라는 대목이 인상적이었다. 〈엘콘피덴시알〉은 수익의 90퍼센트가 디지털 광고에서 비롯된다. 광고 비중이 높아 기업 입김에 휘둘릴 가능성이 높아 보이지만, 카르데로 편집국장은 오히려 "저와 경영진 사이에는 큰 장벽이 있습니다. 경영진이 기사 편집에 대해 일절 관여하지 못해요"라고 말했다.

〈엘콘피덴시알〉의 모든 기사는 온라인에서 무료로 볼 수 있다. 운영 방식 자체는 한국 디지털 미디어와 크게 다르지 않다. 결정적인 차이는 포털의 유무에서 비롯된다. 네이버·다음 같은 거대 포털이 없어 뉴스를 보려면 미디어 사이트에 접속해야 한다. 〈엘콘피덴시알〉 사이트가 꾸준히 광고 플랫폼으로서 기능할 수 있는 이유다.

〈엘콘피덴시알〉의 전략은 크게 세 가지로 요약할 수 있다. 먼저 경제·금융·기업 분야 전문성 강화다. 설립 당시 경제 전문 디지털 미디어로 출범해 지금도 이 분야에서 전문성을 인정받는다. 〈엘콘피덴시알〉에서 다루는 경제 관련 뉴스는 폭넓다. 단적인 예로, 기자가 방문하기 이틀 전인 2017년 10월 9일에는 '전통 은행에 도전하는 한국의 핀테크'라는 기사를 통해 한국 카카오뱅크 사례를 자세히 보도하기도 했다. 북한 핵과 케이팝 외에는 한국 뉴스가 전무한 스페인 언론으로서는 이례적인 접근이다.

탐사보도와 데이터 저널리즘에 대한 투자도 매체 전략 중 하나다. 국제탐사보도언론인협회(ICIJ)와 파트너십을 맺고, '파나마 페이퍼스'(파나마 로펌 모색 폰세카의 조세회피·돈세탁 내부자료), '파라다이스 페이퍼스'(조세회피처로 잘 알려진 영국령 버뮤다의 로펌 애플비의 내부 자료)를 취재한 스페인 대표 미디어가 바로 〈엘콘피덴시알〉이다. ICIJ와의 협업에 대해 카르데로 편집국장은 "당초 ICIJ가 우리와 일하기 전에 스페인 대표 일간지들과 접촉한 것으로 알고 있어요. 하지만 대부분 이를(파나마 페이퍼스) 믿지 않았고, 보도할 용기도 없었던 것입니다"라고 말했다. ICIJ가 차선책으로 택한 미디어가 〈엘콘피덴시알〉이었다. 적극적으로 협업에 나선 〈엘콘피덴시알〉은 조세회피처에 연루된 주요 스페인 인사들을 추적 보도했다.

이 탐사보도의 파장은 컸다. 뜻하지 않은 소송도 당했다. 일간지 〈엘파이스〉의 모기업 프리사 그룹이 거액의 손해배상 청구 소송을 걸었다. 〈엘콘피덴시알〉은 조세회피처 데이터에 있던 한 스페인 여성과 그의 남편을 보도했는데, 그는 다름 아닌 〈엘파이스〉의 모기업 프리사 그룹의 전직 경영진이었다. 이 보도로 당사자로부터 사생활 침해 관련 소송을, 프리사 그룹으로부터 8백만 유로에 달하는 손해배상 청구 소송(원고 측은 상법 위반 혐의 주장)을 당했다. "〈엘파이스〉에 있는 저널리스트와는 아무런 문제가 없습니다. 그저 모기업으로부터 소송이 들어왔을 뿐이에요. 하지만 파나마 페이퍼스에 등장한 푸틴의 비리 의혹을 〈엘파이스〉역시 보도했는데, 정작 자기네 회사 전 경영진 문제는 건드리지 않아 아쉽죠." 나초 카르데로 편집국장이 웃으며 이렇게 말했다. 거액의 소송을 당했지만, 이 탐사보도로 〈엘콘피덴시알〉은 독자들에게 브랜드 가치를 다시 한 번 상기시켰다.

미디어 변화에 유연한 대응

2017년 10월 현재 탐사보도팀은 총 10명이다. 전체 기자 수가 1백 명인 점을 감안하면 꽤 높은 비율이 상시 탐사보도팀으로 활약하고 있다. 디지털 미디어 하면 속보를 떠올리기 쉽지만, 〈엘콘피덴시알〉은 그렇지 않다. 편집국을 크게 속보팀, 데일리팀, 탐사보도팀 세 그룹으로 나누고 탐사보도팀에 데이터 저널리스트를 투입하는 등 투자를 게을리하지 않았다. 카르데로 편집국장은 "산탄데르 은행의 방코 포퓰라 인수를 추적한 보도도 자랑스러운 결과물 중 하나입니다. 유럽중앙은행(ECB)이 우리 보도를 공개적으로 신뢰할 만하다며 이를 바탕으로 방코 포퓰라를 조사하기도 했습니다"라고 설명했다.

세 번째 매체 전략은 일찌감치 기술 인력을 확보해 미디어 변화에 유연하게 대응한다는 점이다. 카르데로 편집국장은 내부 공간을 안내하던 중 '우리가 가장 강점을 보이는 부서'라며 두 부서를 지목했다. 한쪽은 데이터 전문가들이 모여 있는 데이터 분석실이었고, 다른 한쪽은 '랩'(연구실)이라 이름 붙인 엔지니어 부서였다. 데이터 분석실에는 사이트 방문자에 대한 각종 지표가 벽에 붙어 있었다. 방문객이 어떤 코너에서 얼마나 머물렀는지를 한 달 전, 1년 전 지표와 비교 분석해 두었다.

맞은편 '랩'에서는 디자인과 코딩 작업이 한창이었다. 카르데로 편집국장이 다가가자, 한 개발자가 새로운 네이티브 광고 샘플을 시연했다. 부트스트랩(웹페이지 구현 방식의 일종)을 활용해 화려한 시각 효과로 광고 이미지를 재구성했다. 카르데로 편집국장은 "디자이너 2명, 비디오 담당자 3명, 개발 인력 20명 정도가 여기서 일합니다. 전체 디지털 전문 인력 40명이 기자들을 지원합니다. '랩'에서는 온라인에서 구현 가능한 다양한 시도를 테스트하고 있어요"라고 말했다. 꾸준히, 유연하게 최신 기술을 확보하고 실험하는 게 '랩'의 본래 목적이라고도 설명했다. 모바일 최적화 역시 최근 '랩'에서 추진하는 업무 중 하나였다.

기술 인력과 경험, 대외 인지도까지 갖췄지만, 〈엘콘피덴시알〉에게도 모바일 전환이 쉬운 문제는 아니다. 온라인 광고 포트폴리오도 PC 버전에 집중되어 있어서 변화가 불가피하다. 카르데로 편집국장은 "카탈루냐 독립 이슈 기사를 예로 들면, 독자의 85퍼센트가 모바일로 접속한 것으로 나타났어요. 아직 우리 수익에서 모바일 광고가 차지하는 비중은 5퍼센트에 불과해요. 지금까지는 재정 구조가 안정적이었지만, 멀리 보면 다른 수익 모델도 모색해야 합니다"라고 말했다. 중장기적으로 개별 기사 유료화처럼 구독형 모델로 나아갈 계획이다.

다행히 아직 시간적 여유가 있는 편이다. 모바일 중심으로 광고시장이 재편 중이지만, 전체 온라인 광고시장 역시 그 규모가 여전히 커지고 있기 때문이다. 2017년 2월 '미디어 핫라인'과 '아르세 미디어'가 발표한 '2016년 광고 투자지수 보고서'에 따르면, 2009년 약 5,750만 유로(약 745억 원) 수준이던 스페인 디지털 광고 시장은 2016년 2억 1,460만 유로(약 2,780억 원)로 4배 가까이 급증했다. 스페인 전체 광고 투자의 26퍼센트에 달하는 수치다. 지면 광고 급감으로 디지털 전환이 느렸던 기존 미디어가 어려움을 겪는 것과 달리, 〈엘콘피덴시알〉은 디지털에 조직이 최적화되어 있어 발전 가능성이 높은 편이다.

3장.

독일 〈슈피겔〉, 종이주간지가 온라인을 휩쓴 방법

〈슈피겔〉(Der Spiegel)

설립. 1947년 1월 4일.

편집국 현황. 함부르크 본사, 독일 전역 7개 지사, 세계 16개 지역 특파원.

규모. 주간지〈슈피겔〉기자 약 260명,〈슈피겔〉팩트체크팀 약 70명,〈슈피겔 온라인〉기자 약 140명.

출판 방식. 주간지.

독자. 2017년 3분기 평균 76만 8,498부(지면, e북), 정기구독자 36만 4,333명, 2017년 8월 페이지뷰 약 10억 9,059만 회, 2017년 8월 웹사이트 접속자 약 2억 3,241만 명.

소셜 미디어. 페이스북〈슈피겔〉구독자 약 44만 1,900명, 페이스북〈슈피겔 온라인〉구독자 약 147만 5,300명, 유튜브〈슈피겔 TV〉구독자 약 21만 7,300명, 트위터〈슈피겔〉팔로어 약 5만 7,000명, 트위터〈슈피겔 온라인〉약 15만 4,300명.

독일 함부르크 미테 지역에 위치한 하펜시티는 최근 유럽에서 가장 큰 도시재생 프로젝트로 조명받고 있다. 하펜시티로 들어서는 입구에는 지열을 활용한 친환경 설계로 유명한 거대한 유리 빌딩이 강을 맞대고 들어서 있다. 독일 유력 시사 주간지〈슈피겔〉의 본사 건물이다.

높이 43m, 폭 98m에 달하는 이 빌딩에는 슈피겔 산하 미디어가 모두 입주해 있다. 주간지 〈슈피겔〉을 비롯해 잡지 12개, 웹서비스 6개, 〈슈피겔 TV〉〈슈피겔 온라인 비디오〉 등 영상 제작 센터 두 곳과 '슈피겔 테크랩'으로 불리는 기술지원 부서가 각 층, 각 사무실에 배치되어 있다. 온라인 뉴스룸과 지면 뉴스룸 역시 별도로 분리되어 있다. 올드 미디어부터 뉴미디어까지 다양한 매체가 뒤섞여 있지만, 이곳의 중심을 잡는 매체는 주간지 〈슈피겔〉이다. 기자가 방문한 2017년 10월 13일 금요일은 마침 전날 마감을 모두 마치고, 최신호가 인쇄되어 배포되는 날이었다. 전 세계 160여 개 국가에 발매되는 〈슈피겔〉은 1947년 1월 창간된 이래 유럽 대표 주간지로 자리매김하고 있다. 1962년 이른바 '〈슈피겔〉 사건'(독일 국방부의 핵무장 계획을 폭로한 〈슈피겔〉 보도를 서독 정부가 국가 반역 행위로 규정하고 편집진을 103일간 구금한 사건) 이후 독일 내 언론의 자유를 앞장서 자리매김한 매체로 꼽힌다. 연방제 전통이 강한 독일에서 몇 안 되는 전국 단위 언론사 중 하나다.

탐사보도의 새 방향, 협업과 공유

〈슈피겔〉의 전통이자 강점은 역시 권력형 비리를 파헤치는 탐사보도다. 주간지 〈슈피겔〉을 비롯해 온라인 매체 〈슈피겔 온라인〉, TV 프로덕션 〈슈피겔 TV〉도 모두 탐사보도팀을 각각 꾸려 운영하고 있다. 기자와 만난 외르크 슈미트(Jörg Schmitt) 탐사보도 코디네이터(탐사보도팀장)는 "탐사보도팀이 만들어진 지 얼마 되지 않았습니다. 이전까지 모든 기자가 탐사보도를 한다는 전통이 있었기 때문이에요"라고 설명했다. 그가 이끄는 탐사보도팀은 주제를 자율로 정하고, 프로젝트에 따라 인원을 수시로

독일 함부르크 하펜시티에 위치한 〈슈피겔〉 본사.

보강한다. 팀원은 4명, 하지만 프로젝트에 따라 15명에서 20명까지 인원이 늘어나기도 한다. 한 기사를 쓰는 데 최소 2주에서 길게는 석 달이 걸리기도 한다.

"풋볼 리크스(유럽 축구 선수 및 에이전트 관련 의혹)를 예로 들어보겠습니다. 우선 어떤 축구 선수가 어느 팀에 있는지 잘 아는 스포츠 전문 기자가 필요합니다. 어떻게 탈세했는지 살펴야 하니 조세 전문 기자가 필요하고, 대규모 문서를 분석할 사람도 필요합니다. 그리고 최종적으로 기사를 쓸 사람(라이터)도 필요합니다." 외르크 슈미트 기자는 자신의 직함에 붙은 '코디네이터'라는 업무에 대해 이렇게 설명했다. 기존 '팀장' 구실에 국한되지 않고 다양한 기자를 프로젝트별로 선별하고 외부와의 협업을 조율하는 등 업무 자체가 일종의 '코디네이터'로 변했다는 의미다.

슈미트 기자가 탐사보도팀 작업실로 취재진을 이끌었다. "이곳은 외부와 완전히 차단되어 있어요. 다른 사무실과 분리된 별도 네트워크 회선을 사용하고, 분석 작업을 위한 서버도 따로 마련했어요." 20m² 규모의 작은 사무실에는 각종 사무기기와 컴퓨터가 자리를 차지하고 있었다. 내부 구조가 밖으로 유출되면 안 된다며 역시 사진 촬영을 허락하지 않았다. 슈미트 기자는 탐사보도팀 운영의 핵심은 보안과 독립성이라며 취재 주제, 방식, 상황에 대해서는 편집국장도 간섭할 수 없는 구조라고 설명했다.

독일 사회에 경종을 울리는 특종을 쏟아 냈지만, 〈슈피겔〉이 최근 지향하는 탐사보도의 방향은 과거와 다소 다르다. "협업과 공유가 중요해졌어요. 2007년 지멘스(독일 전자업체) 기사를 준비하면서, 내부 정보 공유뿐 아니라 다른 나라, 다른 매체와의 협력도 중요하다는 걸 깨달았습니다. 이는 유럽 탐사 기자 협력체인 EIC(European Investigative Collaboration) 설립으로 이어지기도 했죠." 프랑스 〈메디아파르〉, 스페인 〈엘문도〉, 덴마크 〈폴리티켄〉, 루마니아탐사기자센터(CRJI) 등과 협력하고 있다. 데이터베이스 구축, 검색엔진 적용, 오픈소스 개발 등 EIC 협업을 위한 기술 지원은 〈슈피겔〉과 〈메디아파르〉가 제공한다.

탐사보도 전문 기자 간 국제 교류와 협업은 최근 유럽 탐사보도의 흐름 중 하나다. '파나마 페이퍼스' '파라다이스 페이퍼스' 등으로 유명한 국제탐사보도언론인협회(ICIJ) 역시 전 세계 탐사보도 기자 네트워크를 활용해 성과를 이어 가고 있다.

〈슈피겔〉 역시 이 같은 흐름을 선도한 매체 중 하나다. 〈슈피겔〉은 영국 〈가디언〉, 미국 〈뉴욕타임스〉와 함께 위키리크스 보도를 주도했다. 당시 〈가디언〉 탐사부장 데이비드 리(David Leigh)와 탐사팀 루크 하딩(Luke Harding) 기자가 쓴 『위키리크스, 비밀의 종말』(북폴리오 펴냄, 2011)에 따르면, 〈가디언〉이 확보한 데이터베이스는 〈슈피겔〉의 정보망(미군 기밀 자료, 아프가니스탄 전쟁에 관한 독일연방의회 자체 조사 접근권)과 '크로스체크'한 덕에 진위를 판별할 수 있었다. 〈슈피겔〉이 자랑하는 펙트체크 전통이 빛을 발한 순간이었다.

독자층의 고령화와 판매량 감소

일찌감치 팩트체크팀을 구성해온 〈슈피겔〉은 현재 팩트체크 전문가 70여 명이 일하고 있다. 이들은 변호사, 외국어 전문가, 회계사 등 각 분야 전문가 그룹으로 구성되어 있다. 공들여 만든 탐사보도 결과물에 독자들의 반응은 어떨까? 〈슈피겔〉 독자층은 여전히 더 날카로운 보도, 깊이 있는 분석을 요구한다. 문제는 다른 데 있다. 그런 요구를 하는 〈슈피겔〉 독자층의 평균 연령대가 점점 높아진다는 점이다.

〈슈피겔〉 측에서 밝힌 '2017년 독자 구성' 자료에 따르면, 현재 독자의 48퍼센트는 50세 이상이다. 40대 독자가 20퍼센트인 점을 감안하면, 독자의 68퍼센트가 중장년층이라는 뜻이다. 이에 비해 20대는 14퍼센트, 30대는 15퍼센트에 불과해 젊은 독자층의 수요가 상대적으로 뒤떨어진다. 외르크 슈미트 기자는 '사실 10대인 내 딸도 내 기사를 안 읽는다'며 독자의 세대 간 격차가 쉽게 풀기 어려운 문제라고 말했다. 독자층의 변화는 판매량에도 나타난다. 2003년 110만여 부를 판매한 〈슈피겔〉은 이후 점점 유료 판매량이 줄어 2016년에는 판매량이 78만 2천여 부로 감소했다. 그나마 독일 독자층의 변화는 다른 나라에 비해 완만한 추세다. 전 세계적으로 독일은 독특한 미디어 환경을 가진 나라다. 로이터 저널리즘 연구소가 발행한 '디지털 뉴스 리포트 2017'에 따르면, 독일인의 50퍼센트는 아직 전통 매체인 신문·잡지·텔레비전·라디오를 통해 뉴스를 접한다. 조사 대상 26개국 가운데 전통 매체에 대한 의존도가 가장 높은 나라가 바로 독일이었다.

그렇다 보니, 신생 미디어보다 전통 미디어 브랜드의 힘이 온라인에도 이어지는 경우가 많다. 〈슈피겔〉은 이 점을 활용해 이미 성공적인 론칭 사례를 남겼다. 독일 내 가장 많은 독자가 찾는 온라인 뉴스 매체가 바로 〈슈피겔 온라인〉이다. 로이터 저널리즘 연구소는 앞선 리포트에서 주 1회 이상 〈슈피겔 온라인〉을 찾은 독자가 약 19퍼센트라고 발표했다.

〈슈피겔 온라인〉 편집국에서 만난 요하네스 코르게(Johannes Korge) 기자는 "우리는 미국 뉴미디어 복스(VOX)·바이스(VICE)뿐 아니라 〈뉴욕타임스〉나 〈워싱턴포스트〉와도 경쟁합니다. 사실상 일간지와 다름없어요"라고 말했다. 정치 취재를 담당하는 그는 〈슈피겔 온라인〉에서 가장 빨리 성장하는 부서로 '소셜 미디어팀'을 꼽았다. "출범한 후 거의 매해 새 직원을 뽑는 부서예요. 소셜 미디어 대응이 핵심 과제가 되었다고 할 수 있죠."

새로운 독자를 끌어들이기 위해

〈슈피겔〉과 〈슈피겔 온라인〉은 뉴스룸 혁신을 위해 지면과 온라인을 철저히 분리하는 모델로 잘 알려져 있다. 주간지와 온라인 매체의 운영 방식이 완전히 다르기 때문에 온라인 분야의 안착을 위해 조직을 완전히 분리했고, 그래서 〈슈피겔 온라인〉이 성공을 거둘 수 있었다는 논리다. 그러나 이 모델은 지난 몇 년간 부침을 겪었다. '〈슈피겔〉 혁신보고서'는 협업의 실종을 혁신의 걸림돌로 보았다. 코르게 기자는 "2016년부터 협업이 늘었어요. 오늘(금요일)이 가장 바쁜 날입니다. 어제 주간지 마감을 끝내면, 오늘 온라인과 주간지가 협업해서 예고 기사를 씁니다. 내일(토요일)부터 가판대를 비롯한 유통망에 오늘 인쇄된 〈슈피겔〉이 깔리게 됩니다"라고 말했다.

새 독자를 발굴하기 위한 새로운 시도도 주로 〈슈피겔 온라인〉이 주도한다. 최근 론칭한 〈벤토〉(Bento)라는 서비스는 10대 청소년 독자를 위해 새로 만든 뉴스 서비스다. 〈슈피겔 온라인〉 구성원 평균연령이 30대 초·중반이라면, 〈벤토〉는 20대 구성원이 대부분이다. 새 독자를 끌어오기 위한 방안은 다양하게 시도 중이지만, 정답이 나오진 않았다. 외르크 슈미트 기자는 "불과 10~15년 전까지만 해도 탐사보도 기사는 지면에 최대한 많은 증거를 제시해야 했어요. 하지만 젊은 독자들은 점점 쉽게, 스토리텔링 위주로, 더 부드럽게 설명하는 기사를 요구합니다. 이 세대 공략을 위해서라도 우리만 쓸 수 있는 탐사보도가 중요하죠"라고 말했다.

주간지와 온라인 협업, 늘어가는 추세
요하네스 코르게 〈슈피겔 온라인〉 기자

〈슈피겔 온라인〉에서 정치와 국제 뉴스를 담당하는 요하네스 코르게 기자는 주간지와 온라인의 갈등에 대해 '일하는 문화가 완전히 다르다'고 말했다. 다만 최근 여러 가지 협업이 이뤄지고 있다고 설명했다.

Q 〈슈피겔〉과 〈슈피겔 온라인〉의 협업은 어떻게 이뤄지나?

A 주간지 마감 다음 날인 금요일에 협업이 가장 활발하다. 지면 예고 기사를 올리기 위해 서로 논의한다. 2016년부터 협업이 많아졌다. 지면에 등장한 기사 가운데 급한 경우 온라인에 바로 풀기도 하지만, 대개 '슈피겔 플러스'라는 유료 구독 사이트로 넘어간다. 〈슈피겔 온라인〉의 수익은 온라인 광고와 유료 온라인 구독에서 나온다.

Q 〈슈피겔〉과 〈슈피겔 온라인〉 간 협업에서 어려운 점은 무엇인가?

A 같이 일한 지 오래돼서 딱히 갈등은 없다. 다만 서로를 이해하지 못하니 힘든 면은 있다. 주간지와 온라인은 일하는 스타일이 다르다. 우리는 24시간 가동된다. 자정부터 아침 6시까지는 시드니 특파원이 온라인 사이트를 담당한다. 전 세계에 파견된 〈슈피겔〉 특파원이 〈슈피겔 온라인〉을 위해 일하는 경우도 많고, 협업이 점점 늘어가는 추세다.

Q 젊은 독자를 포섭하려는 노력은?
A 스냅챗 디스커버 서비스를 시작하면서 16~25세 독자들이 슈피겔 기사를 읽는다. 이들을 어떻게 유료 독자로 끌어올 것인지가 숙제다.

Q 온라인 광고 외에 다른 수익모델도 모색 중인가?
A 우리로서는 애드블록(광고를 차단하는 기능)이 가장 큰 스트레스다. (웃음) 네이티브 광고도 이제 막 시작 단계다. 하지만 아직 부서 내에서 의견 통합이 안 됐다. 오래 일한 사람들은 네이티브 광고에 부정적이다. 수익을 늘리면서도 본질을 지킬 수 있는 경계선을 잘 만들어야 한다.

4장.

영국 〈가디언〉, 전 세계가 주목하는 그 언론사의 실험

〈가디언〉(The Guardian)

설립. 1821년 5월 2일.

편집국 현황. 영국 런던 본사(International, UK), 미국 뉴욕 지사(2011년 설립), 오스트레일리아 시드니 지사(2013년 설립).

규모. 전 세계 기자 약 700명, 기술지원부서 약 150명, 전체 직원 전 세계 약 1,500명.

독자. 14만 6,100부(2017년 8월 기준), 2016년 월평균 온라인 접속자 1억 4,000만 명, 후원회원 약 80만 명(2017년 9월 기준), 2016년 4월~2017년 3월 연간 페이지뷰 약 110억 회.

소셜 미디어. 페이스북 구독자 약 779만 3,400명, 유튜브 구독자 약 41만 2,600명, 트위터 팔로어 약 690만 1,800명.

'물 한 병을 사면 신문이 공짜!' 2017년 10월 8일, 영국 런던 히드로 공항, 비행기 환승을 기다리다 들른 W.H.스미스(영국 최대 가판대·소매점 체인)에는 기묘한 판매대가 설치되어 있었다. 750ml 짜리 생수 한 병을 사면, 〈데일리 텔레그래프〉를 사은품으로 주는 특별 판촉 행사가 한창이었다. 신문을 사면 물 한 병이 딸려 나오는 게 아니라 엄연히 신문이 떨이 신세였다. 다른 신문 사정도 크게 다르지 않았다. 런던 킹스크로스 역 W.H.스미스에서는 또 다른

〈가디언〉은 탐사보도를 강화해 새로운 전성기를 열었다.

반값 할인 행사가 펼쳐지고 있었다. "쿠폰 드릴게요. 이거면 2파운드짜리 〈가디언〉을 1파운드에 살 수 있어요." 〈가디언〉 한 부를 집어 들자, 점원이 할인 쿠폰을 쥐여 주며 이렇게 말했다. 이 매장에서 〈가디언〉 본사까지는 겨우 150미터밖에 떨어지지 않았다.

영국은 미국 못지않게 20세기 언론사(史)에서 중요한 나라다. 루퍼트 머독의 언론 재벌 행보는 영국에서 사세를 확장하며 본격화됐다. 영국산 '타블로이드 신문'은 황색 저널리즘의 상징으로 위세를 떨쳤지만, 반대로 기자들이 설립한 독립 언론 〈인디펜던트〉도 이곳에서 탄생했다.

신문이 사은품으로 전락한 시대

정론지와 황색 언론 모두 위기에 직면했다. 〈인디펜던트〉는 알렉산드르 레베데프에 인수된 후 2016년 가판대에서 사라졌다. 황색 언론의 대표로 꼽히던 〈선〉(Sun) 역시 2010년 300만 부에서 2017년 160만 부 수준으로 발행량이 급감했다. 미디어 업계가 전반적으로 쇠락하는 가운데, 온라인에서 활로를 찾은 몇몇 미디어만 그나마 '미래'를 말할 수 있는 처지가 되었다. 그 중심에는 전 세계 디지털 저널리즘의 1순위 참고서가 된 〈가디언〉이 있다.

런던 북동부를 가로지르는 리젠트 운하는 유로스타(런던과 파리를 오가는 국제선 철도)의 종착지인 세인트판크라스 역, 북부 철도 노선의 중심지인 킹스크로스 역을 감싸고 흐른다. 이 운하가 내려다보이는 요크웨이 한편에 〈가디언〉 본사가 입주한 '킹스플레이스 빌딩'이 자리하고 있다. 공연장과 전시시설, 각종 상가가 밀집한 이 빌딩 2층부터 5층까지는 커다란 개방형 사무실이 24시간 불을 밝히고 있었다. 기자 및 편집인력 700여 명, 디지털 전문 인력 150여 명이 일하는 〈가디언〉의 본사다.

2017년 10월 20일 방문한 편집국에는 '우리의 독자'라는 인포그래픽이 걸려 있었다. 전 세계 3,800만 명, 구독자 평균연령 41세, 뉴스 신뢰도 82퍼센트, 전 세계에서 세 번째로 큰 영어 뉴스 사이트라는 설명이 각종 통계지표로 표시되어 있었다. 이미 영국뿐 아니라, 전 세계에서 손꼽히는 뉴스 브랜드로 성장한 결과다. 물론 대부분의 지표는, 온라인을 통해 이뤄낸 성취였다.

1821년 영국 맨체스터에서 탄생한 〈가디언〉은 1990년대까지만 해도 중도 좌파 성향의 중견 신문에 불과했다. 1990년대 후반만 해도 영국에서는 〈데일리 익스프레스〉〈데일리 메일〉〈데일리 텔레그래프〉 등 상업성이 강한 신문이 100만 부 이상 발행되는 데 비해, 〈가디언〉은 약 40만 부 발행에 그쳤다. 이마저 2000년대 들어서는 30만 부 수준으로 떨어져 단순히 영국 내 신문 산업 기준으로 〈가디언〉이 독보적인 성공을 거두었다고 보기는 어려웠다.

'러스브리저의 시대' 연 혁신 세 가지

그러나 이른바 '러스브리저의 시대'를 겪으며 〈가디언〉은 성장을 거듭한다. 1995년 42세에 편집국장이 된 앨런 러스브리저(Alan Rusbridger)는 일대 변화를 가져왔다. 러스브리저 편집국장은 크게 세 가지 혁신을 이뤄냈다. 대판 판형을 베를리너 판형(대판과 타블로이드판의 중간 크기)으로 바꾸면서 오늘날의 디자인 원칙을 정립했다. 디자인과 편집 방식 등 신문의 '퀄리티'가 높아졌다. 문화면을 늘려 상대적으로 젊은 층을 공략했다. '디지털 퍼스트'로 잘 알려진 온라인 중심 전략도 당시 러스브리저 편집국장이 주도했다. 웹서비스는 이 신문의 기존 철학대로 '돈이 있든 없든 뉴스에 접근할 수 있어야 한다'는 원칙을 지켰다. 오늘날까지 이어지는 '온라인 기사 무료' 전략은 온라인 기사 유료화(페이월)가 확대된 미국 언론사의 디지털 대응법과는 대치되는 모델이었다. 지면 중심의 조직을 온라인 중심으로 바꿨고, 디지털 인력도 확충했다. 그러면서 〈가디언〉의 장점인 탐사보도의 전통을 확고하게 다졌다. 2010년 위키리크스 특종 보도, 2013년 에드워드 스노든의 NSA(미국 국가안보국) 사찰 자료 특종 보도 등은 영국 내 중견 언론사였던 〈가디언〉의 브랜드 가치를 전 세계적 수준으로 격상시켰다. 앨런 러스브리저는 2015년 편집국장 자리에서 물러났지만, 오늘날의 〈가디언〉을 있게 한 인물로 평가받는다. 그리고 2017년 현재 〈가디언〉은 러스브리저의 시대를 어떻게 이어갈 것인지 고민하고 있다.

2017년 10월 26일, 캐서린 바이너(Katharine Viner) 〈가디언〉 편집국장은 홈페이지에 '〈가디언〉의 독립 저널리즘을 함께 보호해 달라'는 글을 올렸다. 이 글에서 바이너 국장은 〈가디언〉의 핵심 수익 모델이 독자의 자발적 기부라고 설명했다. 브렉시트와 트럼프 독주 시대에 접어들면서 전 세계적으로 진보적인 저널리즘

(progressive journalism)이 더욱 필요해졌고 이를 위해 독립 언론으로서 제구실을 하고 있는 〈가디언〉을 후원해 달라고 호소했다. 이미 80만 명이 후원하고 있고 이 숫자가 점차 늘고 있다고도 밝혔다.

바이너 편집국장이 후원 증대를 호소한 데에는 사정이 있다. 러스브리저 시대를 지나오면서, 〈가디언〉은 경영 위기 극복을 최우선 목표로 삼았다. '디지털 퍼스트' 전환과 함께 미국과 오스트레일리아 시장에도 진출했지만, 재정 적자가 지속적으로 누적됐다. 지면 독자층의 이탈이 가장 큰 원인이었다. 2014년 20만 부 수준을 유지하던 종이 신문 발행량은 2017년 15만 부 정도로 급감했다.

캐서린 바이너 편집국장은 2016년 1월과 3월, 두 차례에 걸쳐 비용구조 개선과 구조조정 계획을 발표했다. 기자직군 100여 명을 포함해 약 250명을 감원하는 게 골자였다. 그로부터 1년여 동안 실제 감원된 인력은 약 300명이다. 감축 계획을 발표하며 바이너 편집국장은 2016~2018년 3년간 전체 소요 비용을 20퍼센트 절감하겠다고 선언했다. 비용 절감을 위해 종이신문의 판형도 바꾸기로 했다. 베를리너 판형은 2018년 1월 15일부터 타블로이드 판형으로 바뀌었다. 베를리너 판형을 만들던 자체 인쇄 시설(약 3천만 파운드 규모)을 매각하고, 경쟁사인 〈미러〉지의 인쇄 시설에 외주를 준다.

바이너 편집국장은 2016년 사내 구성원에게 보낸 메일에서 이 같은 비용 절감의 목적을 '편집권 독립의 영속성을 위해서'라고 밝혔다. 〈가디언〉 탐사보도팀을 이끌고 있는 닉 홉킨스(Nick Hopkins) 팀장은 〈시사IN〉과 만나 "기자 수를 감축하는 일은 매우 고통스러웠지만, 우리가 하고자 하는 일(탐사보도와 언론 독립)을 지속하기 위한 유일한 방법이었습니다"라고 설명했다.

이들이 구조조정을 하며 '언론 독립'을 내세운 데에는 〈가디언〉만의 특수한 배경이 자리 잡고 있다. 〈가디언〉은 시스템으로 '편집권 독립'이 제대로 정착한 언론사 가운데 하나다. 경영진이 편집권에 관여하기 어렵다. 바이너 편집국장의 임명 과정부터 그랬다. 편집국장은 노조가 선거를 통해 후보자를 선출하고, 이 후보자를 '가디언미디어그룹'의 소유주인 스콧트러스트(The Scott Trust)가 승인하는 구조다. 2015년 3월 당시 〈가디언〉 미국판 편집장이었던 바이너는 득표율 53퍼센트인 438표를 얻어 노조로부터 후보 지명을 받았고, 곧이어 스콧트러스트 이사회 승인을 거쳐 194년 만에 〈가디언〉 최초의 여성 편집국장으로 임명됐다.

당시 실질적 소유주인 스콧트러스트의 역할도 재조명받았다. 스콧트러스트는 1936년 편집인이자 소유자였던 C.P. 스콧의 사망 이후 설립됐다. 스콧 가문은 지분을 신탁(트러스트)에 맡기기로 했고, 이 재단은 경제적·정치적 개입으로부터 〈가디언〉의 자유와 독립성을 보장하기 위해 운영되고 있다.

문제는 경제적·정치적 독립성의 지속 여부다. 먼저 광고주 등 경제 권력으로부터 독립하려면 재정적 안정성이 뒷받침되어야 한다. 2000년부터 14년간 〈가디언〉 탐사보도팀장으로 일했던 데이비드 리 교수(런던 시티대학 저널리즘스쿨)는 "상업적 성공이 독립의 조건입니다. 그래서 요즘 언론이 독립성을 지키기 무척 어려워요"라고 말했다. 리 교수는 "영국에서 언론의 경제적 환경이 악화되면서 광고주의 입김이 거세졌어요. 디지털 환경도 구독자 수를 줄였고요. 〈가디언〉이 독립성을 지킬 수 있는 건 아직까지 재정이 안정적이기 때문입니다"라고 덧붙였다.

'기술 친화적 환경'과 '타사와의 협업'

정치적 외압으로부터 독립성을 지키는 것도 영국에서 쉬운 일은 아니다. 언론 보도를 막기 위한 명예훼손 소송에 영국 법원이 관대하다는 평가를 받는다. 위키리크스나 스노든 특종 때도 정부나 정치권력의 압력이 없지 않았다. 닉 홉킨스 탐사보도팀장은 "보도 당시 GCHQ(영국 정보기관)가 정부 각료에 불평을 쏟아 냈고, 관료들이 우리를 찾아와 화를 내기도 했어요. 기소하겠다는 압력을 받았고, 몇몇 의원들은 우리의 보도에 무척 부정적이었습니다"라고 말했다. 홉킨스 팀장은 당시 앨런 러스브리저 편집국장의 결단이 중요했다며 이렇게 강조했다. "스노든 폭로 보도 후 처음 몇 달간 〈가디언〉이 정치적 타격을 입은 것도 사실입니다. 지금 생각해 보면, 이 보도가 결국 법을 바꾸는 데 크게 기여했어요. 변화를 이끌어낸 옳은 일이라는 게 나중에 증명됐습니다." 압력을 이겨낸 탐사보도의 가치는 브랜드 가치 상승으로 이어졌다.

데이비드 리 교수도 탐사보도와 '브랜드 가치'의 연관성을 강조했다. 그는 "미디어 시장이 동반 하락하는 상황에서 살아남는 건 결국 사람들이 신뢰하는 매체입니다. 브랜드 가치를 높이는 가장 확실한 방법은 〈가디언〉이 그동안 해온 탐사보도 영역이고요"라고 말했다. 닉 홉킨스 탐사보도팀장의 의견도 크게 다르지 않았다. "저널리즘의 수익구조가 변하면서 모든 언론사가 규모를 줄여야 했어요. 이때 언론사는 우선순위를 정해야 합니다. 〈가디언〉은 탐사보도에 계속 투자하는 게 중요하다고 여겼어요. 다른 언론사와 차별화할 수 있는 중요한 분야라고 판단한 것입니다." 여타 언론사는 위기가 닥치자 인력 감축과 비용 절감을 위해 탐사보도팀을 해체했지만 〈가디언〉은 다른 길을 걸은 것이다.

현재 〈가디언〉 탐사보도의 특징은 두 가지로 요약된다. 하나는 기술 친화적 환경이다. 닉 홉킨스 탐사보도팀장은 "〈가디언〉

닉 홉킨스 〈가디언〉 탐사보도팀장.

에는 데이터 전문 저널리스트가 3명 있지만, 이들 외에도 5~6명으로 구성된 또 다른 데이터팀이 탐사 취재를 지원합니다. 이들은 대규모 데이터베이스를 검색할 수 있는 프로그램을 개발해요"라고 설명했다. 1,150만 건이 넘는 '파나마 페이퍼스'(전 세계 109개 언론사가 2.6테라바이트 분량의 데이터를 함께 분석했다) 데이터 분석에도 이들의 역할이 컸다. 이들이 방대한 데이터 더미 속에서 옥석을 가릴 수 있는 분석 시스템을 구축해 주었다. 이들 외에도 전체 150명에 이르는 IT·그래픽 전문가들이 편집국 기자들을 지원하고 있다.

또 다른 특징은 다른 언론사와 협업이다. 가장 유명한 사례는 2010년 〈뉴욕타임스〉〈슈피겔〉〈르몽드〉〈엘파이스〉와 조율한 위키리크스 특종 보도였다. 위키리크스 이후로도 '파나마 페이퍼스' '파라다이스 페이퍼스' 'HSBC 스위스 리크스'(HSBC 은행 스위스 지점의 탈세 폭로 기사) 등도 전 세계 저널리스트와 함께 협업해 특종을 쏟아냈다. 닉 홉킨스 탐사보도팀장은 "여러 나라 정부와 기업과 관련한 대규모 자료가 유출되면 한 언론사가 모두 감당하기 어려워요. 다른 언론사 기자와 공유하며 협업을 해야 보도의 가치를 높일 수 있습니다"라고 말했다.

〈가디언〉의 생존 전략은 글로벌 경쟁 매체인 〈뉴욕타임스〉〈워싱턴포스트〉 등과는 다소 차이를 보인다. 회사의 목표 자체를 '공익성'에 두고 있고, 온라인에서 수익 사업을 벌이는 대신 '모금 운동'에 집중하고 있다. 브렉시트 반대 등 진보적 의제를 피하지 않고 과감히 던진다.

2000년대 들어 영어 매체라는 이점을 활용해 전 세계로 확장했고, 탐사보도를 통해 브랜드 가치를 높인 〈가디언〉의 이 같은 실험은 성공할 것인가? 전 세계 언론사가 〈가디언〉의 실험을 주목하고 있다.

세계에 영향 끼치는 친절한 탐사보도
닉 홉킨스 〈가디언〉 탐사보도팀장

2016년 1월, 캐서린 바이너 〈가디언〉 편집국장은 당시 BBC로 이직했던 닉 홉킨스를 다시 영입해 탐사보도팀장(Head of Investigation)으로 임명했다. '스노든 폭로' 당시 〈가디언〉 탐사보도팀에서 활약했고, 다시 돌아와 '파나마 페이퍼스' 등을 총괄한 닉 홉킨스 탐사보도팀장을 만났다.

Q 탐사보도팀은 어떻게 운영되나?
A 프로젝트에 따라 인원이 조정된다. 작은 프로젝트는 5~6명 정도이지만, '파나마 페이퍼스' 같은 프로젝트는 10명 넘는 인원이 달려들기도 한다. 지금 하는 작업(파라

다이스 페이퍼스)은 처음 2~3명으로 시작해 10명까지 늘었다.

Q 디지털 체제로 변화 이후 탐사보도팀에도 변화가 생겼나?
A 종이 신문만 있을 때에는 누가 어떤 이야기를 읽는지 알기 어려웠다. 디지털 시대에는 독자들이 어떤 기사를 좋아하고, 어떻게 읽는지 알 수 있다. 중요한 건 기사를 읽는 독자 수가 아니라, 그 기사를 읽는 데 들이는 시간이다. 한 독자가 얼마나 기사에 머무는지 파악해 활용하고 있다.

Q 독자들이 길고 복잡한 탐사보도 기사에 얼마나 호응하나?
A 파나마 페이퍼스에서 가장 많이 읽힌 기사가 '파나마 페이퍼스는 무엇인가?'라는 짧은 기사였다. 물론 중요한 것은 방대한 배경과 사실관계를 다루는 기사지만, 독자들에게 친절하게 설명해 주는 장치는 필요하다고 생각한다.

Q 다른 언론사와 협업이 중요한 이유는?
A 우리가 하는 탐사보도는 태생적으로 글로벌한 이슈다. 영국에만 영향을 미치는 게 아니라 유럽, 북중미, 남미, 동아시아까지 영향을 끼친다.

Q IT 전문가들과는 어떻게 협업하나?
A 데이터 전문 저널리스트가 3명 있고, 외곽에서도 5~6명으로 구성된 데이터팀이 데이터 검색 툴을 개발한다. 멀

티미디어팀이 따로 구성돼 있는데, 이들과는 짧은 영상물부터 긴 다큐멘터리까지 다양한 작업을 한다. 영상 전문 뉴미디어인 〈바이스〉와 협업하기도 했다.

탐사보도는 살아남기 위한 브랜드
데이비드 리 런던 시티대학 저널리즘스쿨 교수

데이비드 리 런던 시티대학 저널리즘스쿨 교수는 현역 시절 영국 언론계에서 존경받는 탐사보도 전문 기자였다. 2000년부터 2013년까지 〈가디언〉 탐사보도 에디터(탐사보도팀장)로 일한 리 교수는 2010년 〈가디언〉의 '위키리크스 특종' 보도를 진두지휘하기도 했다. 2013년 은퇴 후에도 왕성한 취재 활동을 벌인 그는 2015년 국제탐사보도언론인협회(ICIJ)와 함께 HSBC 은행 스위스 지점의 탈세 폭로 기사를 발표해 화제를 모으기도 했다. 앨런 러스브리저 전 편집국장, 닉 데이비스(Nick Davies) 기자, 이언 카츠(Ian Katz) 전 부편집국장 등과 함께 2000년대 〈가디언〉의 부흥기를 이끈 중요 인물 중 하나다. '탐사보도 기자는 끊임없이 새로운 기술을 배워야 한다'고 강조하는 리 교수를 2017년 10월 20일 런던 시티대학에서 만났다.

Q 탐사보도가 위축되고 있다. 언론사도 탐사보도팀을 줄이는 추세다. 저널리스트가 되려는 학생도 많을 텐데, 어떻게 조언하고 있나?

A 언론 취업시장이 어렵긴 하지만 새로운 형태의 저널리즘 조직도 많이 생기고 있다. 그린피스 같은 NGO는 독자적인 탐사보도팀을 만들어 저널리스트처럼 활동한다. 〈버즈피드〉처럼 이제 막 탐사보도에 발을 디딘 온라인 매체

도 있다. 기존 뉴스 조직이 브랜드 차별화를 위해 새로이 탐사보도팀을 꾸리기도 한다. 비록 저널리즘 시장이 일부 붕괴하고 있지만 새로운 가능성도 열리고 있다.

Q 언론사에선 탐사보도가 더 이상 돈이 되지 않는다고 여긴다.

A 언론사가 예산을 삭감할 때 가장 먼저 떠올리는 쪽이 탐사보도다. 돈은 많이 드는데 결과물이 불확실하고, 기사를 쓰기까지 시간이 오래 걸리기 때문이다. 상업 비즈니스의 요소와 거리가 멀다. 유일한 희망이 있다면, 최근 들어 탐사보도를 경쟁사와 구별 짓는 일종의 브랜드 전략으로 여기기 시작했다는 점이다. 언론사 경영진이 탐사보도 비용을 줄이기는 쉽다. 그러나 좀 더 생각 있는 언론사라면 매우 근시안적인 접근이라는 걸 알 것이다. 비용 절감은 장기적으로 언론사의 경쟁력을 무너뜨린다. 질 낮고 저렴한 뉴스를 양산하는 언론사는 점점 생존하기 어렵다. 현명한 언론사라면 '살아남기 위한 브랜드'가 무엇인지 스스로에게 질문해야 한다.

Q '파나마 페이퍼스'처럼 대규모 문서 유출이 최근 탐사보도 취재 대상으로 떠오르고 있다.

A 위키리크스가 시작이었고, 이후 파나마 페이퍼스, HSBC 스위스 리크스, 버진아일랜드 자료 유출 등으로 이어졌다. 예전에는 정보 조각 하나를 찾기 위해 고군분투했던 반면 요즘에는 거대한 정보 덩어리가 순식간에 유출된다. 이런 정보를 이해하고, 조사하며, 공익을 위한 기사로 바꾸는 작업이 중요해졌다. 저널리즘의 새로운 양상이다.

Q 유럽 언론사를 돌아보니, 언론사끼리 특종을 두고 경쟁하기도 하지만 협업하는 경우가 많다.

A 내가 기자 생활을 시작할 때만 해도 모든 기자들은 서로 경쟁 관계였다. 누구보다 빨리 뉴스를 취재하고 보도하는 게 중요했다. 탐사보도는 이런 경쟁이 중요하지 않다. 나도 학생들에게 대규모 문서 유출 사건이나 국제적인 이슈를 취재할 때 협업이 필요하다고 가르친다. 경쟁 속에서는 얻을 게 거의 없기 때문이다. 환경, 무기 거래, 뇌물, 부패, 국제무역 등 세상에 일어나는 대부분의 일이 많은 나라와 연관되어 있다. 오히려 다른 언어를 구사하는 저널리스트끼리 협력하기가 쉽다. 각자 다른 언어 시장에 있으므로 경쟁사라 보기 어렵기 때문이다. 유럽 기자와 동아시아 기자 간 협력도 충분히 가능하다. 국제탐사보도언론인협회(ICIJ)처럼 국경을 뛰어넘는 네트워크도 있다. 나도 1998년 이 조직이 처음 설립될 때부터 참여한 초기 멤버다. 기부자들의 지원으로 운영되는 ICIJ는 이제 단순한 국제 네트워크를 넘어 직접 저널리스트를 고용한다. 대형 데이터 유출 탐사보도를 수행하는 데 이런 네트워크가 중요한 구실을 한다.

Q 젊은 탐사보도 기자들이 문건 유출 취재에만 매달려 있는 것 아니냐고 우려하기도 한다.

A 대규모 문서 유출 사건은 오랜 시간 온라인 자료 조사에 매달리고 모니터 화면을 열심히 들여다봐야 하는 게 사실이다. 그 데이터를 가지고 정말 해야 할 일은 실제 사람과 사건에 관한 취재다. 저널리스트는 반드시 사람을 만나고 그 사건을 목격해야 한다. 탐사보도의 기본은 사무실에서 벗어나 사람들을 취재하고 직접 현장을 방문

하는 것이다. 학생들에게도 모니터 앞에만 앉아 있으면 안 된다고 강조한다.

Q 중견 탐사보도 기자들이 인터넷 보안 기술(PGP 등)을 매우 자연스럽게 활용하는 모습에 놀랐다.
A 40년 넘게 저널리스트 생활을 하고 있지만, 젊었을 때 배운 게 지금은 아무런 쓸모가 없게 되었다. 끊임없이 기술적 변화에 적응해야 한다. 이런 일들은 잠시나마 성가시고 피곤할 수 있지만, 저널리스트가 되고자 한다면 모든 게 항상 변할 것이라는 걸 받아들여야 한다.

Q 디지털이 보도의 방식은 발전시켰지만 프린트 미디어(인쇄 매체) 위축을 가져왔는데?
A 부정적인 환경이 조성된 것은 사실이다. 그렇다고 아주 우울한 상황도 아니다. 영화 〈인사이더〉의 실제 주인공으로 유명한 미국 저널리스트 로웰 버그먼(Lowell Bergman)이 이런 말을 했다. '지금이 탐사보도의 황금기다.' 인터넷이 언론의 상업적 기반을 붕괴시키고 있지만, 또 한편으로는 엄청난 양의 정보를 제공하고 무언가를 찾는 새로운 도구가 되었다. 과거에 비해 더 많은 취재 대상을 더 빨리 찾게 해준다.

Q 모바일로 뉴스를 소비하는 젊은 독자들은 탐사보도처럼 복잡하고 긴 기사를 선호하지 않는 것 같다.
A 그렇지 않다. 지금 저널리즘은 두 갈래로 분화되고 있다. 속보 중심의 짧은 뉴스와 탐사보도 같은 깊이 있는 롱폼 저널리즘(long-form journalism)이다. 사람들이 긴 기사를 읽고 싶어 하고 흥미를 보인다는 여러 증거가 있다.

롱폼 저널리즘에도 분명 독자층은 존재한다. 저널리즘은 현재 일종의 전환기다. 시장이 분화되는 과정에 어느 정도 적응되고 나면 속보 중심 저널리즘처럼 롱폼 저널리즘을 위한 자리가 생길 것이다.

Q 언론사에서 탐사보도가 지속 가능하려면?
A 가장 중요한 건 젊은 저널리스트의 동기부여다. 이 일을 직업으로 가지려는 젊은 세대가 옳은 일을 하고 싶어 해야 한다. 사회를 발전시키는 저널리즘을 구현하고 탐사보도가 가치 있는 일이라고 여기는 게 중요하다. 이것이 민주주의 사회에서 탐사보도 기자가 가져야 할 덕목이다. 특별한 기술을 미리 갖출 필요는 없다. 올바른 마음가짐만 있으면 된다.

5장.

덴마크 〈폴리티켄〉,
디자인 강한 탐사보도의 교차로

〈폴리티켄〉(Politiken)

설립. 1884년 10월 1일.
편집국 현황. 덴마크 코펜하겐 본사.
규모. 편집국 기자 125명.
판형. 대판.
출판 방식. 평일 일간지, 일요판, 웹사이트, 모바일 웹.
독자. 2014년 평균 9만 부, 2017년 10월 페이지뷰 약 3,093만 회(모바일 1,503만 회), 2017년 10월 온라인 접속자 약 1,527만 명(모바일 823만 명).
소셜 미디어. 페이스북 구독자 약 25만 8,600명, 인스타그램 팔로어 약 4만 7,900명, 트위터 팔로어 약 20만 3,400명.

언론사에게 언어권은 잠재적 시장을 뜻한다. 인구 560만 명인 언어권은 덴마크 미디어의 '해외 진출'에 걸림돌이 되기 쉽다. 영어권에서 세 번째로 큰 디지털 미디어가 된 〈가디언〉, 스페인어를 기반으로 중남미에 진출한 〈엘파이스〉, 내수시장이 큰 프랑스 〈르몽드〉나 독일 〈슈피겔〉과 달리, 덴마크 〈폴리티켄〉은 외연 확장이 여의치 않다. 그런데도 덴마크 〈폴리티켄〉은 125명 규모의 편집국을 유지하며, 디지털 전환과 편집권 독립이라는 두 마리 토끼를 쫓고 있다. 〈폴리티켄〉의 행보는 '제한된 언어권'에 속한 한국 미디어가 눈여겨볼 만한 대상이다.

덴마크 신문 〈폴리티켄〉은 디자인 개선과 탐사보도에 역점을 두어 독자의 지지를 이끌어냈다.

    1884년 덴마크 사회자유당 기관지로 출범한 〈폴리티켄〉은 133년 역사를 자랑하는 유서 깊은 프린트 미디어다. 1970년 사회자유당과 관계를 끊은 후 독자적인 길을 걸었고, 현재까지 덴마크를 대표하는 일간지 중 하나로 꼽힌다. 덴마크 통계청이 발표한 자료에 따르면, 2014년 기준 주중 발행량 9만 부, 주말판 발행량 11만 7000부를 기록했다. 덴마크 유료 신문 가운데 가장 많은 판매 부수다.

    편집권 독립 측면에서도 〈폴리티켄〉은 눈여겨볼 만한 모델이다. 〈폴리티켄〉의 소유구조 및 편집국장 임명 체계는 영국 〈가디언〉에 견줄 수 있다. 〈폴리티켄〉의 모기업인 '욜피 폴리티켄 후스'(JP/Politikens Hus)는 2003년 우파 신문 〈윌란스 포스텐〉과 중도 좌파 신문 〈폴리티켄〉의 합병으로 만들어진 거대 미디어 그룹이다. 서로 전혀 다른 색깔을 가진 두 일간지가 한 식구가 되었지만, 각각 편집권 독립은 비교적 잘 유지되고 있다. 모기업에서 편집국장을 지명할 수 없기 때문이다. 편집국장 인사는 '폴리티켄

폰덴'(Politiken-Fonden)이라는 일종의 비영리 재단에서 총괄한다. 12명으로 구성된 이 재단 이사회에서 회사 내부 인사는 4명에 불과하다. 나머지 8명은 대학교수, NGO 대표 등 외부 인사로 구성된다. 회사 관계자 4명 역시 직원들이 임명하는 구조다. 1956년부터 이어진 이 시스템은 각종 정치권력과 경제 권력으로부터 편집권을 보호하기 위해 설계되었다. 경영진이 편집국장 인사에 관여할 수 없고, 신문의 운영 원칙과 철학은 시민사회와 연계해 유지하는 방식이다.

비용이 들어도 디자인을 위해서라면

2017년 10월 19일 방문한 덴마크 코펜하겐 〈폴리티켄〉 편집국은 코펜하겐 시청사 옆, 도심 정중앙에 위치해 있었다. 18세기에 지은 이 건물 3층과 4층에 위치한 편집국 내부는 고풍스러운 외관과 달리 첨단 보안장치로 가득했다. 입구에서 출입 허가 스티커를 받아들고, 1인용 보안 통로를 통과해야 편집국에 올라갈 수 있었다. 외부인이 출입할 때에는 반드시 내부 직원이 동행해야 한다는 원칙도 있었다. 취재진을 맞이한 욘 한센(John Hansen) 탐사보도 팀장은 "2010년 〈윌란스 포스텐〉 직원을 살해하려던 테러리스트가 경찰에 체포된 적이 있어요. 이후 〈폴리티켄〉도 출입이 엄격해지고 보안이 강화됐죠"라고 설명했다.

한센 팀장이 말한 2010년 테러 사건은 2005년 유럽 전역을 들끓게 한 '무함마드 만평 논란'에 대한 보복성 시도였다. 2005년 덴마크 일간지 〈윌란스 포스텐〉이 이슬람 예언자 무함마드를 폭탄 테러범에 빗댄 만평을 실었는데, 유럽 내 이슬람 단체는 물론 중동 이슬람 국가까지 덴마크 신문사에 항의하는 등 대규모 소요 사태 및 외교 갈등으로 번졌다. 당시 유럽 언론인들은 이에 항의하며 표현의 자유가 침해된다고 주장했고, 이슬람 문화권 주민들은 종교적 신성을 모독했다고 주장해 날선 대립이 이어졌다. 〈폴리티켄〉 역시 당시 이슬람 비판을 두려워하는 사회적 관행을 비난하며 논쟁의 전면에 나섰다. 취재진을 맞이한 한센 팀장도 당시 〈윌란스 포스텐〉 소속으로 논쟁의 한복판에 있었다.

3층 메인 뉴스룸에는 전날 제작한 일간지 판형이 벽에 걸려 있었다. 가장 먼저 눈에 들어온 건 지면 디자인이었다. 〈폴리티켄〉의 감각적인 디자인은 세계적으로 인정받는다. 2012년 신문·잡지 디자인 전문 국제기구 '소사이어티 포 뉴스 디자인'은 그해 최고의 디자인으로 〈폴리티켄〉을 선정했다. 욘 한센 팀장은 "덴마크에서 아직까지 대판 인쇄(한국의 신문 규격)를 하는 언론사는 우리뿐입니다. 발행 비용이 많이 들지만 디자인을 위해 아직 큰 지면을 유지하고 있습니다"라고 말했다.

〈폴리티켄〉이 디자인만큼 공을 들이는 분야가 바로 탐사보도다. 욘 한센 팀장이 이끄는 탐사보도팀은 2년 전 큰 변화를 겪었다. 이전까지 4~5명 정도로 고정되어 있었는데, 지금은 탐사보도 에디터인 한센 팀장을 제외하고 프로젝트를 중심으로 헤쳐모이는 방식으로 운영되고 있다. 좀 더 유연하게 다양한 분야의 탐사보도를 이어 가기 위해서다.

탐사보도팀의 또 다른 특징은 외부 네트워크와 광범위하게 연결되어 있다는 점이다. 덴마크는 작은 국가이지만, 탐사보도의 주된 대상인 초국적 기업의 영향은 국경을 가리지 않는다. 한센 팀장은 유럽 내에서 가장 큰 탐사보도 네트워크인 국제탐사보도언론인협회(ICIJ)와 유럽탐사보도협의체(European Investigative Collaborations, EIC)에 동시에 속해 있다. ICIJ가 주도한 '파나마 페이퍼스' 'HSBC 스위스 리크스'는 물론이고 EIC가 주도한 '풋볼 리크스' 등에도 참여했다. 한센 팀장은 "기술 발전으로 서로 다른 나라의 탐사보도 기자가 협력하기 용이해졌어요"라고 말했다. 유

욘 한센 〈폴리티켄〉 탐사보도팀장.

럽 탐사기자 네트워크는 ICIJ와 EIC로 서로 나뉘어 있는데 ICIJ와 EIC 회원사는 1국가 1매체 경향이 두드러진다. 예를 들면 〈르몽드〉가 ICIJ 네트워크라면, 같은 프랑스의 〈메디아파르〉는 EIC와 함께하는 식이다. 한센 팀장은 "동유럽 탐사보도 네트워크인 OCCRP(The Organized Crime and Corruption Reporting Project)처럼 지역별 네트워크도 활발합니다. 국제 네트워크를 통한 협업이 5년 전부터 탐사보도의 주된 흐름이 되고 있어요"라고 말했다.

다양한 수익모델로 독자 감소 극복

기술을 통해 협업이 이뤄지지만, 동시에 기술 발전으로 언론이 위기에 처하기도 한다. 〈폴리티켄〉도 종이 시장 감소 여파에서 벗어나기 어려웠다. 2007년 11만 6000부를 버티던 발행 부수는 2014년 9만 부까지 줄었다. 그럼에도 수익은 프린트 미디어에서 나오는데, 디지털 유료화, 네이티브 광고, 부대사업 등 다양한 방식으로 종이 지면 발행량 감소를 극복하려 하고 있다.

이 중에서도 〈폴리티켄〉이 가장 공들이는 모델은 유료 구독 모델 페이월이다. 현재 〈폴리티켄〉 사이트는 무료 기사와 유료 기사가 혼재되어 있다. 유료 기사를 읽고 싶은 독자들의 지갑을 열게 하기 위해서다. 디지털 유료 구독자를 늘리기 위해 '넷플릭스'나 '애플뮤직' 같은 영화·음악 서비스와 비슷한 가격 정책을 시행하고 있다. 첫 달은 1크로나(약 170원)에 마음껏 이용하고, 두 번째 달부터 299크로나(약 5만 1,700원)가 자동 결제되는 방식이다. 넷플릭스와 마찬가지로 독자가 원하면 첫 번째 달이 끝나기 전에 서비스를 해지하면 된다.

실험 결과는 어땠을까? 1크로나 서비스를 이용하는 이들 가운데 35~40퍼센트가 두 번째 달 이후로도 디지털 유료 구독을 유지했다. 한센 팀장은 "이런 시도를 한 지 얼마 안 되어서 꾸준히 지속될지는 모르겠지만, 초반 분위기는 나쁘지 않습니다"라고 말했다.

덴마크 독자의 뉴스 소비 성향도 디지털 유료 구독 확대에 영향을 미쳤다. 로이터 저널리즘 연구소가 발행한 '2017 디지털 뉴스 리포트'에 따르면, 덴마크인들의 언론사 사이트 접근율은 55퍼센트(한국 13퍼센트)이며, 뉴스 유료 구매 경험률은 15퍼센트에 이른다.(한국 6퍼센트) 물론 덴마크에는 한국의 네이버나 다음처럼 뉴스 서비스를 하는 거대 포털이 존재하지 않는다. 이같은 디지털 환경에 적극적으로 깊이 있는 뉴스를 찾아보려는 독자들의 성향도 디지털 유료 구독 전략에 플러스 요소다. 덴마크 조사 대상의 77퍼센트는 연성 뉴스보다 경성 뉴스(국제·정치·경제 등)에 관심이 높다고 응답했고(한국 50퍼센트), 자신이 뉴스를 애독한다고 답한 비율(21퍼센트)도 한국(8퍼센트)보다 높았다. 디지털 유료 구독 모델은 웹에서 구독까지 얼마나 잘 이끌어

내는지, 그 나라에서 '뉴스'에 대한 신뢰와 기대가 어느 정도인지에 따라 달라진다. 지불할 의사, 진지한 뉴스에 대한 관심이 높다는 점은 〈폴리티켄〉에 분명 희망적인 수치이다.

이에 대해 한센 팀장은 "한 가지 소스를 가지고도 웹, 지면, 영상, 팟캐스트 등 여러 방식으로 구현해 보려 노력하고 있습니다. 기술로 위기가 찾아오긴 했지만, 다양한 시도를 할 수 있게 되었어요. 독자와 연결 가능한 여러 접점이 생긴 것도 사실이고요. 다른 곳과 마찬가지로 우리도 계속 답을 찾아가는 과정에 있어요"라고 말했다.

6장.

프랑스 〈르몽드〉, 독보적인 독립 언론이 푸는 생존 방정식

〈르몽드〉(Le Monde)

설립. 1944년 12월 18일.
편집국 현황. 프랑스 파리 본사.
규모. 편집국 기자 약 400명, 기술지원부서 60명(개발자 40명, 데이터 전문가 5명).
판형. 베를리너판.
출판 방식. 평일 일간지, 주말판, 웹사이트, 모바일 애플리케이션.
독자. 정기구독자 약 10만 명, 가판독자 약 5만 명, 온라인 정기구독자 약 13만 명(2017년 10월 기준).
소셜 미디어. 페이스북 구독자 약 394만 7,800명, 인스타그램 팔로어 약 35만 6,000명, 트위터 팔로어 약 761만 8,200명, 유튜브 구독자 약 12만 4,300명.

20세기 신문의 시대, 〈르몽드〉라는 이름에는 늘 무게감이 실렸다. 1944년 창간한 〈르몽드〉는 프랑스를 대표하는 지성이자, 독보적인 독립 언론이었다. 전후 드골 정권하에서 창간을 이끈 위베르 뵈브메리는 지분을 기자와 사원, 임원에게 양도하며 사원주주 방식의 독립 언론 모델을 세웠다. 상당한 지분을 직원들에게 넘긴 것은 편집권 독립을 지키기 위한 안전장치였다. 1951년 처음 탄생한 기자조합은 지분율 29퍼센트로 출발해 1968년에는 약 40퍼

〈르몽드〉는 독립성을 유지하기 위해 재정적 안정성을 꾀하고 기자의 역량을 높이는 데 힘쓴다.

센트에 해당하는 지분을 보유하기도 했다. 사원주주 방식은 편집권의 독립성을 확보하려는 많은 이들에게 롤모델이 되었다.

그러나 기자조합, (별도의) 사원조합, 전·현직 임원에게 분배된 지분으로 편집권을 지킨다는 논리는 생각보다 쉽게 위기를 맞았다. 자금 부족으로 외부 자금 수혈을 받은 횟수가 1985년부터 열 차례에 이른다. 거듭된 유상증자는 사원주주의 지분율을 낮췄다. 2010년에는 파산 위기까지 몰렸다. 프랑스 최대 통신사 '오랑주'(Orange)의 인수설이 돌기도 했다. 사르코지 당시 프랑스 대통령이 공공연히 매각 과정에서 영향력을 행사하려 한다는 보도도 이어졌다. 사원주주들이 반발했다. 결국 피에르 베르제(Pierre Bergé), 자비에 니엘(Xavier Niel), 마티외 피가스(Matthieu Pigasse)라는 좌파 자본가 3인이 1천만 유로를 투자해 전체 지분의 54.4퍼센트를 차지하는 것으로 급한 위기는 피할 수 있었다.

유료 구독 모델 페이월의 성과

자금난에 시달리는 사이 저널리즘의 지형도 바뀌었다. 〈르몽드〉 역시 디지털 시대에 적응해야 했다. 신규 투자와 기존 재정지출 정비를 병행했다. 프랑스 언론 환경은 프린트 미디어에 점점 혹독해지고 있다. 로이터 저널리즘 연구소에 따르면 2016년 프랑스 국민의 종이 신문·잡지 이용률은 27퍼센트로, 조사 대상 26개국 가운데 한국(27퍼센트), 미국(26퍼센트)과 더불어 최하위권을 형성하고 있다. 신문 전체 인쇄부수도 매년 감소 추세이고 광고 수익도 하락세다. 그나마 프랑스 내 좌·우파를 각각 대표하는 일간지 〈르몽드〉와 〈르피가로〉가 온라인 사이트에서 어느 정도 성과를 내고 있다는 점이 위안거리다. 로이터 저널리즘 연구소의 보고서에 따르면, 〈르몽드〉 사이트 경험도(지난 일주일간 접속 유무를 묻는 질문)는 18퍼센트로 프랑스 뉴스 사이트 가운데 2위다. 무료 기사를 제공하되, 유료 구독 모델로 전환토록 유도하는 〈르몽드〉의 페이월은 구독자 약 13만 명을 모집하는 성과로 이어졌다.

2017년 10월 16일 방문한 〈르몽드〉는 과거의 흔적과 변화의 움직임이 혼재되어 있었다. 지면 활자 디자인을 그대로 유리에 코팅한 외관은 종이 신문의 전통을 담았지만 시위대가 스프레이 페인트로 칠한 '은행과 결탁한 자들' 같은 문구도 외벽에 남아 있었다. 테러에 대한 경계 때문에 외부인의 출입 조건도 까다로웠다.

내부에서는 꾸준히 다음 시대를 준비하느라 분주했다. 현재 짓고 있는 신사옥 설계도가 눈에 먼저 들어왔다. 파리 동부 센 강변, 오스테를리츠 역 인근에 건설 중인데 높이 37m, 면적 2만 2,500m² 규모의 대형 건축 프로젝트다. 층마다 부서가 분절되어 있는 현 편집국과 달리, 온·오프라인 통합 뉴스룸을 갖출 계획이라고 한다.

여러 방으로 나뉘어 있는 현 편집국에서는 '데코되르'(décodeurs) 부서가 눈에 띄었다. 데코되르는 데이터 전문가 5명, 개발자 40명, 영상 및 디자인 전문가 등 핵심 디지털 인력이 모여 있는 부서다. 일종의 디지털 대응 특화팀인 데코되르는 〈르몽드〉 기사를 각 플랫폼에 맞게 재구성·재배치·재편집하는 일을 도맡는다. 이날 만난 제롬 페놀리오(Jérôme Fenoglio) 보도부문 대표는 "데코되르의 역할은 시사를 잘 설명하고, 루머에 대항하는 것입니다. 정보를 다양한 방법으로 설명하는 것도 중요합니다. 기사뿐 아니라 비디오, 카툰, 모션 디자인이 필요한데, 이를 전담하는 기술팀이 데코되르입니다"라고 설명했다.

이들이 최근 공을 들이는 분야는 소셜 미디어 스냅챗의 '디스커버' 코너다. 15~25세 연령대가 주로 활용하는 스냅챗에서는 긴 글로 기사를 게재하기 어렵다. 이미지와 설명, 독특한 애니메이션 요소가 이 채널을 운영하기 위해 필수적이다.

제롬 페놀리오 대표는 편집국 전반을 아우르는 편집 담당 대표이시다. 2015년 그의 발탁은 다소 파격적이었다. 1991년 스포츠 담당 기자로 〈르몽드〉에서 일하기 시작했다. 디지털판 편집국장으로도 일한 페놀리오 대표는 당초 후보군에 포함되지 않았다. 깜짝 발탁이었다. 대주주 3인방이 후보군 가운데 최종 후보를 낙점하고, 사원 투표로 이를 승인하는 시스템에서 페놀리오의 임명과 승인은 〈르몽드〉의 당면 과제를 상징적으로 보여 주는 사례였다.

〈르몽드〉가 차린 문화 축제 '르몽드 페스티벌'

'편집권 독립의 최종 보증인은 나다.' 인터뷰하는 동안 페놀리오 대표는 편집권 독립의 최종 전선에 자신이 서 있다는 점을 세 차

제롬 페놀리오 〈르몽드〉 보도부문 대표.

레나 강조했다. 페놀리오 대표는 취임 이후 새로운 편집권 독립 시스템을 구축하는 데 공을 들였다. 2017년 1월 12일, 3인 대주주와 〈르몽드〉 독립부(2011년 기자·직원·독자·창시자 협회를 모아 만든 협회) 간 합의가 대표적이다. 당시 합의의 핵심은 '다수결 저지 비율' 확보다. 독립부는 현재 전체 지분의 33.5퍼센트를 가지고 있는데, 이사회 내 다수결 저지 비율은 33.34퍼센트다. 이사회에서 대주주의 독단적인 의사 결정을 막기 위해 독립부의 지분이 중요하지만, 향후 추가 증자로 다수결 저지 비율이 무너질지도 모르는 상황이었다. 2017년 체결한 합의는 추후 독립부의 지분이 다수결 저지 비율에 미치지 못하더라도(33.34퍼센트보다 떨어지더라도) 의결권을 33.34퍼센트만큼 충분히 보장한다는 내용을 담았다. 2025년까지 유효하고, 5년씩 두 번 갱신이 가능한 '한시적 협약'이지만, 2010년 이후 다소 무너진 〈르몽드〉 내 힘의 균형을 조금이나마 유지하려는 노력으로 받아들여졌다.

독립성을 유지하기 위해 〈르몽드〉에 필요한 것은 두 가지다.

재정적 안정성과 기자의 역량이다. 재정적 안정을 위해서는 수익 구조의 다변화가 필요하다. 〈르몽드〉의 수익구조는 크게 다섯 가지다. 광고, 지면 구독, 디지털 구독, 콘퍼런스를 비롯한 이벤트 수익 그리고 정부 보조금이다. 2017년 10월 기준으로 지면 정기독자 10만 명, 가판대 판매량 하루 평균 5만 부다. 2005년부터 시작한 디지털 유료 구독자는 13만 명 정도다. 감소하는 지면 구독자 대신 디지털 유료 구독자를 계속 늘려갈 방침이다. 흥미로운 부분은 이벤트 수익과 정부 보조금이다. 2014년부터 시작된 '르몽드 페스티벌'은 매해 9월 각종 포럼, 워크숍, 대담이 4일간 펼쳐지는 대형 문화 축제다. 주제도 다양하다. 시사·저널리즘·영화·오페라 등 다양한 지적 활동이 온·오프라인을 넘나들며 펼쳐진다. 여기에 다른 프랑스 언론과 마찬가지로 정부 보조금을 받는다. 또한 우편배송 부분 지원, 부가가치세 세율 인하 같은 혜택도 있다.

독자들은 좋은 기사에 지갑을 열 준비가 되어 있다

페놀리오 대표는 독립성을 유지하기 위해 재정적 안정보다 더 중요한 게 있다고 강조했다. 바로 좋은 탐사보도 그리고 탐사보도를 가능하게 하는 기자의 역량이다. "사람들은 질 높은 정보를 위해 얼마든지 결제할 준비가 돼 있습니다. 그렇다면 좋은 기사를 만들어낼 수 있는 기자를 키우고 보호하는 일이 결제할 구독자를 얻는 것과 마찬가지인 셈이죠." 페놀리오 대표는 데코되르 같은 기술지원팀도 기자들이 만들어 내는 '좋은 정보'가 있어야 활약이 가능하다고 강조한다. 기자의 취재와 그 결과물이 모든 콘텐츠의 원천이라는 설명이다. "좋은 뉴스를 생산하는 '퀄리티 저널리즘'을 유지하는 게 바로 생존법입니다. 〈뉴욕타임스〉는 도널드 트럼프 당선 이후 '구독자 폭탄(증가)'을 맞지 않았나요. 우리도 2017년

대선 기간에 많은 독자들이 몰렸습니다. (민주주의가 위기일수록) 퀄리티 저널리즘을 잘 구현한 곳에 독자가 호응합니다. 퀄리티에 관심을 두지 않는 언론일수록 결제해줄 구독자를 설득하기가 어렵죠."

좋은 기사가 있고 이를 변형해 디지털에서 다양하게 유통시킨다. 그래야 독자가 지갑을 연다. 〈르몽드〉의 생존 방정식은 이 같은 선순환에 기초한다. 누구나 알고 있지만 쉽게 잊는 '퀄리티 저널리즘 우선주의'는, 〈르몽드〉가 살아남기 위해 '독립성'만큼이나 중요하게 여기는 요소이다.